EL MILLONARIO 401(K)®

Como Planificar al máximo Tu Plan de Jubilación para Retirarte con Suficiente Dinero

JOAQUIN REYES BARRAGÁN

"Sin deudas se vive mejor".

Joaquin Reyes Barragán

ELOGIOS PARA EL MILLONARIO 401(K)

"¿Te haz puesto a pensar porque nunca te alcanza el dinero, aun sabiendo que pasas gran parte de tu vida persiguiéndolo? Nunca será suficiente al menos que lleves a la práctica esta valiosa información que Joaquin comparte contigo. Esta enseñanza es REAL."

José González

President

Tu Casa Real Estate

"Un super material bastante inteligente, creo que es excelente y a la vez concreto. Desarrollemos una mentalidad abundante. Let's go."

Alberto Morales

Autor del libro El Éxito a la vuelta de la esquina

"Joaquin Reyes me ha motivado a darle la importancia necesaria a las finanzas. Cuando alguien con su experiencia y conocimiento te dice: las decisiones correctas con tu dinero te darán resultados de finanzas sanas y abundantes, Lo mejor que podemos hacer es conocer cuáles son esas decisiones. Muchas de ellas las encontrarás en este libro."

Ismael Zuniga

Coordinador de alcance para los negocios latinos y agente de bienes y raíces en el estado de Oregón.

"La condición de vida que tienes es producto de lo que sembraste en el pasado, y la condición de vida que quieras tener dependerá de lo que siembres hoy. Leer un libro como este será siembra productiva para tu futuro."

Lic. Shaliaj Freddy Martínez

Autor del libro Entrenamiento de Liderazgo

"Gracias Joaquin por tus enseñanzas, creo que si aplicamos tus consejos y seguimos los pasos para tener una mentalidad abundante podremos llegar al retiro como lo deseamos y merecemos."

Shirley López

Psicóloga Clínica y Terapeuta de Pareja

www.Shirleylopez.com.co

"Yo realmente recomiendo el Libro de Joaquin Reyes, después de conocerlo ya por un buen periodo de tiempo, puedo reconocer que él tiene una sana pasión por enseñar a la comunidad latina a tener una mejor forma de vida, no solo en el aspecto financiero, sino también en la buena relación y desarrollo de la Familia. Y la Comunidad.

Existen varias buenas razones por lo cual lo recomiendo:

1. *Porque el expone cosas que realmente son Fundamentales, pero de una forma sencilla para que pueda ser entendida por la gran mayoría.*
2. *Porque nos desafía a salir de un círculo de conformidad, y alcanzar estabilidad financiera y emocional.*
3. *Nos muestra métodos sólidos y factibles para poder alcanzarlos.*
4. *Nos da la garantía que si practicamos estos conceptos de forma disciplinada y constante. Seguramente tendremos éxito confiable."*

Pablo García

Propietario de Montero Cleaning LLC

EXONERACIÓN DE RESPONSABILIDAD DEL AUTOR

Este libro ofrece información de temas financieros como seguros o productos que se ofrecen en la bolsa de valores o a través de empresas que ofrecen servicios financieros. La información contenida en este libro tiene un propósito educativo y no de asesoría de inversiones de ningún tipo. Los datos compartidos solo tienen un propósito expositivo. Los resultados pasados no garantizan resultados futuros. Quien necesita ayuda en los temas que este libro trata, debe contratar los servicios de un profesional. Las regulaciones y leyes que aplican a los temas expuestos en este libro cambian con el paso de los años y por lo tanto algunos datos pueden ser históricos. El autor declina toda responsabilidad sobre la veracidad de la información expuesta en este libro, así como cualquier pérdida o riesgo, directa o indirectamente del uso o aplicación de la información expuesta.

CONTENIDO

LOS CINCO FUNDAMENTOS QUE INICIAN TU ÉXITO ECONÓMICO

PARTE 1

LAS 11 ESTRATEGIAS QUE SOSTIENEN TU ÉXITO ECONÓMICO

PARTE 2

AGRADECIMIENTOS

Antes que nada, agradezco a Dios todo poderoso por su fiel compañía. No soy nada sin él, pero soy todo con él. ¡Gracias Señor!

A mi esposa Janet por su apoyo incondicional, ella es mi fan número uno y su apoyo me ha dado la fortaleza y determinación para escribir este libro que desde hace algún tiempo he querido escribir. A mis hijos Ariana, Yahir y Omar que son mi motivación. Ariana y Yahir aún son niños y el verlos sonreír me impulsa a seguir creciendo no solo como papá sino como ser humano para siempre dar lo mejor de mí y ser un buen ejemplo a seguir.

Gracias a mis padres por la vida que me dieron, en especial a mi madre que siempre ha creído en mí.

A todos mis seguidores que a lo largo de los años han confiado en mi trabajo y practican mis enseñanzas. ¡Muchas gracias por creer en mí!

PRÓLOGO

El autor, Joaquin Reyes Barragán, con más de 20 años de trayectoria en el estudio de las finanzas; en su interesante libro titulado: El Millonario 401(K) ofrece una guía práctica y fácil para comprender los secretos, los hábitos, y 11 valiosas estrategias que te ayudarán a obtener la libertad financiera y una mentalidad de abundancia. En esta obra el autor brinda recomendaciones de lecturas que contribuirán al conocimiento de elementos tanto técnicos, administrativos y culturales, que te apoyarán en el desarrollo de habilidades financieras en el proceso de alcanzar el éxito en tu economía. Reyes Barragán, te instruye para conquistar y disfrutar el éxito económico. Además, el autor te impulsa a tomar decisiones enfocadas para triunfar en tus finanzas, y así obtener una vida equilibrada con el firme propósito de elevar tu situación económica, la cual favorecerá y permanecerá en tu legado financiero.

Lucy Escobar

Executive Coach

Lucy Escobar Coaching and Consulting, LLC

LOS CINCO FUNDAMENTOS QUE
INICIAN TU ÉXITO ECONÓMICO

PARTE 1

CAPÍTULO 1

CUANDO SEA GRANDE

¡Primeramente, gracias por adquirir este libro! Mi enfoque al escribirlo fue siempre hacerlo sencillo y corto para que cualquier persona pudiera leerlo. Considero este libro una guía completa de finanzas personales porque aborda temas de suma importancia, por ejemplo, ahorrar para la jubilación y cómo mantener un balance en las áreas importantes de la vida. No solo es cuestión de adquirir riquezas, sino adquirir riquezas y al mismo tiempo crecer como persona y así lograr una verdadera victoria financiera. En otras palabras, te convertirías en una persona grande en carácter y con un gran equilibrio financiero. Este libro es una recopilación de lo mejor que he aprendido sobre el tema del dinero durante los últimos 20 años e inyectando mi experiencia personal.

Tengo la certeza que a medida que apliques mis enseñanzas, tu vida dará un giro de trecientos sesenta grados y el resultado será: finanzas fuertes y sólidas. Sin embargo, me gustaría pedirte un favor, una vez leído este libro envíame un pequeño testimonio sobre los beneficios o la enseñanza que obtuviste de este libro ¡Muchas gracias!

¿POR QUÉ ESCRIBÍ ESTE LIBRO?

Existen muchas razones por las cuales decidí escribir este libro. La razón principal es la necesidad que veo en nuestra comunidad latina que vive de mes a mes, en vez de tener más dinero al final del mes. En otras palabras, nuestra comunidad carece de una educación financiera. La mala administración del dinero lo veo en todas partes. Sin embargo, existen varias razones por las cuales nuestra gente se comporta de esta manera. Una de ellas tiene que ver mucho nuestro origen. En nuestros países de origen son pocos los que tienen acceso a una educación financiera, a la mayoría de nosotros no se nos inculcó cómo manejar nuestras finanzas. Ponte a pensar, en Latinoamérica la mayoría de la población vive en pobreza, y el vivir al día no te permite pensar en cómo administrar el dinero. ¡Qué dinero se va a administrar si no existe cuando solo tienes para pasarte el día! Lo poquito que se gana muchas de las veces no alcanza para cubrir las necesidades básicas como los alimentos. Por supuesto existe un porcentaje muy pequeño que vive bien e incluso vive en abundancia, pero claro esas son las excepciones.

Ahora bien, cuando nuestra gente decide inmigrar a los Estados Unidos lo único en lo que piensan es en ganar lo suficiente para vivir mejor que en su país natal y en algunos casos poder enviar un dinerito a sus seres queridos que aún viven en su país. Esta es la historia de la gran mayoría de nuestra gente.

Al llegar a los Estados Unidos otras prioridades toman importancia en la vida de los recién llegados. Entiendo esa situación porque mi familia y yo pasamos por esas etapas. Por un lado, está el reto de aprender un nuevo idioma y por el otro el adaptarse al nuevo estilo de vida y todo toma tiempo y esfuerzo. Yo pienso que después de unos meses de adaptación las personas ya deberían estar más abiertas a aprender sobre otros temas. Por ejemplo, cómo manejar sabiamente su dinero, invertir en su jubilación etcétera. Todo es un proceso, por lo tanto, tener paciencia es algo necesario. Muchas de las veces ignoramos el proceso y solo pensamos en el destino final o resultado que estamos buscando y nos frustramos. Si te encuentras leyendo este libro es muy probable que ya tienes meses o muchos años viviendo en los Estados Unidos, y me da mucho gusto que lo hayas adquirido porque aprenderás cómo manejar tus finanzas personales y sobresalir en este país. Las estrategias que aquí comparto son algunas de las que nuestros hermanos anglosajones aplican a sus vidas para avanzar y mantener un elevado estándar socio económico. Si funciona para ellos, también funcionará para nosotros. Disfruta el libro, pero aún más importante aplica lo que hayas aprendido. ¡Confió en ti!

MI VIDA

Nací en la bella ciudad fronteriza de Tijuana, Baja California, México. Mis padres son José Reyes y Teresa Barragán, a ellos les debo mi vida. En la actualidad tengo una buena relación con ambos. Durante mis primeros años de vida, mi padre era el único sustento económico y mi madre era ama de casa. Mi padre trabajaba en los Estados Unidos, el cual nos permitía contar con lo suficiente para vivir tranquilamente. Aún con un buen ingreso existieron momentos difíciles en nuestro hogar que los llevaron a tomar la dura decisión de separarse cuando tenía menos de dos años. Mi madre me llevó a vivir al estado de Michoacán, México en donde crecí hasta la edad de 10 años. El pueblo en donde crecí se llama Caleta de Campos.

Hay una etapa de mi niñez que la recuerdo como si hubiese sucedido ayer, mi madre por falta de ingresos se vio en la necesidad de inscribirme en el albergue local del pueblo. Era muy común que los padres con necesidades económicas enviaran a sus hijos a este lugar porque ahí les proveían hospedaje y una alimentación básica. El encargado del lugar era responsable de llevarnos a la escuela de lunes a viernes. Por lo general los padres recogían a sus hijos los viernes por la tarde, mi madre hacía lo mismo y yo disfrutaba mucho el fin de semana en casa con ella. El estar en un albergue no es del todo placentero, se experimenta la soledad, tristeza y se madura a una edad muy temprana. Después de comer me quedé solo en la cafetería, los otros niños ya se habían ido a jugar al patio del albergue. Al estar solo me embargó de tristeza y empecé a llorar, me ganaron las emociones. Recuerdo que me preguntaba, ¿por qué estoy aquí? ¿Por qué no tenemos dinero? ¿Qué hice para merecer esta vida? Lloré descontrolado y me dije en voz alta… "Cuando sea grande no será pobre". Esa experiencia impactó mi vida y dejó muy claro lo que no quería para mi futuro. Ahora cuando recuerdo esos momentos me queda claro por qué es importante ser un buen administrador de mis finanzas. ¡Mi razón es muy fuerte!

Regresando al momento de cómo me sentí… En aquél momento solo deseaba ser rico, abundante y poderoso para no vivir así. Ahora que tengo 39 años y recuerdo esas experiencias que viví durante mi niñez me doy cuenta de que siguen marcando mis decisiones financieras. Mi pasión por aprender sobre las finanzas personales nació en ese momento de tristeza décadas atrás. Durante mi adolescencia me instruí sobre los hábitos de los ricos, qué es lo que hacen, cómo se comportan con su dinero, etcétera. Algo muy importante que he aprendido sobre la gente rica es que ellos piensan diferente a la mayoría de las personas, su mentalidad está a otro nivel. Ellos ven la vida de una manera muy distinta y sus hábitos son totalmente diferentes a los de la mayoría de la gente.

Hay mucha gente que trabaja de sol a sol y a duras penas pagan sus gastos mensuales. El trabajar arduamente es solo uno de muchos hábitos que se requieren para sobresalir en la vida. En mi opinión, la habilidad más importante que debemos desarrollar para prosperar económicamente es una mentalidad abundante. En el siguiente capítulo hablaré a detalle sobre esa habilidad.

Al inicio de este capítulo hablé de la experiencia que marcó mi vida y ahora puedo decir que, aunque fue una experiencia triste también fue positiva porque marco el rumbo que tomaría mi vida. Me ayudó a crecer y a luchar para lograr mis metas y eso nunca lo olvidaré. La pasión que tengo por aprender continuamente sobre las finanzas es gracias al niño indefenso que una vez fui. En los últimos 20 años, he leído más de trecientos libros, escuchado docenas de audio cursos y he asistido a un sin número de conferencias estatales y nacionales. La mayoría de mi aprendizaje es exclusivamente sobre el tema de finanzas personales, inversiones y todo lo relacionado con la prosperidad económica. Creo firmemente que entre más educación se reciba, mejor futuro económico se tendrá. Aún con toda esta educación financiera, he tenido mis fracasos y he comprendido que fracasar es parte de lo que nos hace fuertes. ¡No le temas al fracaso! Simplemente velo como parte del proceso hacia el triunfo.

Disfruto al máximo la etapa de la vida en la que estoy viviendo. Estoy felizmente casado con mi linda esposa Janet y tengo tres hijos Omar, Ariana y Yahir. La familia es lo más importante para mí y dejarles un buen legado es una prioridad. En las siguientes páginas compartiré secretos, hábitos, estrategias y habilidades que funcionan. No solo aprenderás los pasos a seguir para crear abundancia a largo plazo, sino cómo dejar un buen legado a tus seres queridos.

Nunca dejes que otras personas limiten tu potencial, tu bienestar económico es tu responsabilidad y de nadie más. No permitas que las opiniones ajenas o incluso de familiares influyan en tus decisiones económicas. Recuerda que el querer triunfar no es suficiente, se requiere de pasión y constancia para lograrlo. Hay millones de personas en el mundo que si se les pregunta si quieren triunfar te dirán que sí, pero el querer es solo un deseo o un sueño, para darle vida a ese sueño se requiere de una combinación de factores entre ellos las más importantes son la actitud, disciplina y la preparación. El éxito económico demanda intensidad en perseguir tus sueños sin importar los obstáculos que te llegues a encontrar. La mayoría de las personas no sobresalen porque simplemente no tienen determinación, disciplina y el coraje que se requiere para obtener una victoria financiera. No prometo que lograrás el éxito en tus finanzas al primer intento, lo que sí puedo prometer es que los hábitos y las estrategias que aquí comparto funcionan y dan resultados si los sigues continuamente. El éxito que perdura no se logra de la noche a la mañana. Existen metas a corto, mediano y largo plazo, tus logros dependerán de las metas que te propongas. Después de que hayas leído el libro tengo la certeza que habrás aprendido mucho, no solo sobre las finanzas sino también a tener un buen equilibrio en tu vida diaria y al mismo tiempo te guiará a cómo dejar un buen legado del cual te puedas sentir orgulloso. De antemano quiero agradecerte por confiar en mí trabajo.

Ahora aprendamos sobre qué significa tener una mentalidad abundante.

Después de un evento en la escuela que asistía en Caleta de Campos, Michoacán
De izquierda a derecha (mi Mamá, mi Maestra y yo)

CAPÍTULO 2

MENTALIDAD ABUNDANTE

Contar con una mentalidad abundante es el ingrediente más importante para lograr el éxito económico. La mentalidad abundante no es algo con la que uno nace, sino se desarrolla. Existen dos tipos de mentalidad, la pobre y la abundante. Por un lado, la mentalidad abundante nos permite vivir bien y darles a nuestros seres queridos una vida mejor. Y las opciones que una persona con mentalidad abundante tiene son ilimitadas. Todo lo contrario, ocurre con una mentalidad pobre. La calidad de vida que se puede ofrecer con una mentalidad pobre es de escasez. Una persona con una mentalidad abundante piensa y toma decisiones a largo plazo. La persona con mentalidad pobre piensa a corto plazo y no ve más allá que el próximo fin de semana. Es difícil sobresalir con una mentalidad pobre y limitante. Ahora bien, quiero ser bien claro al decir que todas las personas que tienen una mentalidad pobre tienen todo el potencial para cambiar cuando así lo decidan. Estas personas con mentalidad pobre están a solo una decisión de cambiar. Si no cambian les será difícil lograr crear un patrimonio del cual se sientan orgullosos. Como sabrás, ningún resultado en nuestra vida es accidental, mucho menos en las finanzas. Unas finanzas sanas y abundantes son el resultado de buenas decisiones. No existen personas ricas con una mentalidad pobre. Solo existen personas ricas con una mentalidad abundante.

MICHAEL JORDAN

Un buen ejemplo de una mentalidad abundante es el basquetbolista más exitoso de todos los tiempos el señor Michael Jordán. Él cuando estaba en la preparatoria y se inscribió al equipo de básquetbol de la escuela, el entrenador le dijo que no era bueno y no lograría ser parte del equipo. ¿Imagínate?, el mejor basquetbolista del mundo de todos los tiempos no logró ser parte del equipo estelar al principio. El error que cometen muchas personas es tirar la toalla al primer rechazo o fracaso en su vida. Espero que tú no seas una de esas personas que con poca presión abandona sus aspiraciones. Ahora Michael Jordán, tuvo que decidir si aceptar la opinión de su entrenador o luchar por sus sueños. Una vez Michael Jordán dijo "El fracaso es aceptable, pero no intentarlo es algo completamente diferente". Creo que él vio el fracaso como parte del proceso y no el destino final. Cada día muchos jóvenes enfrentan la misma situación. Todos tenemos libertad de decidir si aceptamos la opinión negativa de otros o si la rechazamos. Nadie nos puede quitar ese derecho. Regresando a Michael Jordán…Ya sabemos cuál fue el desenlace. Él logro alcanzar el máximo éxito en su carrera profesional en el deporte de básquetbol. Años después de haberse retirado de jugar básquetbol profesional es un exitoso empresario. Personas de influencia como maestros, entrenadores, líderes, artistas entre otros, a veces cometen el mismo error al no confiar en el talento de nuestros jóvenes. Un gran número de jóvenes se rinden al primer rechazo que enfrentan. Son pocos los jóvenes y adultos que reaccionan como lo hizo el señor Jordán. El hizo todo lo contrario que otros estudiantes. Él se propuso lograr ser parte del equipo escolar y decidió levantarse temprano e ir al parque a entrenar. Se levantaba a las 5 o 6 de la mañana y entrenaba antes de ir a la escuela. Sus acciones son el reflejo de su mentalidad abundante y ganadora. Cualquier persona puede hacer lo mismo si así se lo proponen.

Otros atributos que posee él son una buena actitud y disciplina diaria. Estos atributos son necesarios para llegar más lejos en la vida.

Para unas finanzas personales fuertes se requiere lo mismo. Se requiere disciplina diaria, contar con buena actitud, aprender a sacrificar, buena planeación y educación financiera. Si realmente deseas sobresalir económicamente necesitarás incorporar estos atributos que acabo de mencionar a tu rutina diaria. Necesitarás una mentalidad abundante y contar con fuertes razones. Lo primero será tener claro qué deseas lograr y segundo, saber y aplicar las acciones que te acercan cada día más a tus objetivos planeados.

ANA GABRIELA GUEVARA

Los atletas que logran ir a los juegos olímpicos empiezan a prepararse con muchos años de anticipación. Incluso para poder aspirar a ser uno de los elegidos deben entrenar un mínimo de cinco días por semana y empezar hacerlo consecutivamente por varios años. La atleta mexicana Ana Gabriela Guevara dijo en una ocasión, "No le puedo decir a Dios que este conmigo en la competencia, él tiene muchas cosas que arreglar como para darle una nueva carga. Para eso me prepare con años de trabajo y en 49 segundos debo demostrar lo que me ha costado tanto". Así de simple. Ella se preparó por varios años para lograr ganar la codiciada medalla de oro. Tantos años de entrenamiento para una carrera que dura solo segundos o pocos minutos. ¿Tu estarías dispuesto a hacer sacrificios similares a los de un atleta para lograr tus sueños? No sé cuál sea tu respuesta, pero la mayoría de las personas no lo harían. Algunos piensan que la rutina y el sacrificio de un atleta es de locos. A todos les gusta ver cuando los atletas cruzan la línea final y ganan la medalla de oro, plata o bronce. Incluso algunos aficionados gritan como nunca lo habían hecho antes, al ver a su atleta favorito ganar. Ser aficionado es la tarea más fácil y cómoda que existe. La mayoría de las personas solo se conforman con ver triunfar a otros. Espero que tú no seas una de esas personas. La buena noticia es que en las finanzas no se requiere un sacrificio igual al de un atleta. ¡Gracias a Dios! El esfuerzo es menor y tan solo unos minutos cada día son suficientes para desarrollar una mentalidad abundante y cosechar logros significativos.

WARREN BUFFET

Ahora veamos a otra persona que en el ámbito económico es un icono de las inversiones el señor Warren Buffet. El señor Buffet, es una de las personas más ricas del mundo de acuerdo con la revista Forbes. Él desde niño ha sido apasionado en el aprendizaje de las inversiones. En su libro de biografía titulada *The Snowball*, él narra que leía todo lo que sus manos lograban obtener. Él leía libros sobre inversiones, finanzas, biografías, periódicos, por mencionar algunos. Ahora, podemos atribuir claramente su éxito a la educación financiera que él inicio desde niño y continúa haciendo como adulto. Él es el dueño de la empresa Berkshire Hathaway y en un discurso que dio a los estudiantes de la Universidad Columbia Business School en el año 2000 dijo "Lean 500 páginas cada día". Y continúo diciendo "Así es como funciona el conocimiento. Se va agregando, como el interés compuesto. Todos ustedes lo pueden hacer, pero les garantizo que algunos no lo harán". Esta tan claro como el agua. En esa frase a todos nos exhorta a aprender cada día para que seamos exitosos no solo en conocimiento, sino en la vida. Anteriormente mencioné que el éxito no es accidental. El éxito está ligado a la buena preparación y conocimiento como muy elocuentemente nos recordó el señor Buffet. Incluso algunas personas dudaron de mi capacidad para escribir este libro. La mentalidad abundante nos da el impuso no solo para iniciar algo, pero más importante aún, terminar lo que empezamos sin importar el tiempo que nos lleve hacerlo.

¿CÓMO DESAROLLAR UNA MENTALIDAD ABUNDANTE?

La mejor forma de desarrollar una mentalidad abundante es a través del aprendizaje. Compartiré cuatro pasos que puedes seguir para desarrollar tu mentalidad abundante y seguir creciendo como persona.

LEER LIBROS

La forma rápida y eficaz para cambiar tu mentalidad es leer libros ricos en contenido. No hay que leer por leer, sino ser selectivos en los libros que decidimos leer. Lee libros que te ayudan a expandir tu mente. Aquí comparto diez libros que hablan sobre las finanzas personas y el dinero. Empieza con estos libros y continúa buscando otros títulos para que así siguas mejorando no solo en educación financiera, sino también en desarrollar una mentalidad abundante. Yo soy producto de los libros que he leído. Los cuales han transformado mi mentalidad. La lectura forma parte de mi diario vivir. En promedio leo entre treinta minutos a una hora todos los días. En este momento de la pandemia del Covid-19 mis hijos no asisten a ninguna guardería y como están en casa 24 horas al día, leer es un poco más difícil, no obstante, aprovecho cada momento disponible. Esta rutina de leer la llevo haciendo por los últimos 18 años. Te recomiendo leer encarecidamente, aunque sea solo una página al día. Lo importante es empezar. Así se crean los hábitos, un día a la vez. Los siguientes libros los leo anual y los recomiendo ampliamente.

1. *La transformación total de su dinero* por Dave Ramsey.

2. *¿Cómo llego a fin de mes?* por Andrés Panasiuk.

3. *El hombre más rico de babilonia* por George S. Clason.

4. *¿Cómo salgo de mis deudas?* por Andrés Panasiuk

5. *Retired Inspired* por Chris Hogan.

6. *Everyday Millionaires* por Chris Hogan.

7. *Nine steps to financial freedom* por Suze Orman

8. *Los secretos de la mente millonaria* por T. Harv Eker.

9. *Inquebrantable* por Tony Robbins

10. *Finanzas Bíblicas* por Héctor Salcedo

11. *Piense y hágase rico* por Napoleón Hill

ESCUCHAR PODCASTS

Si la lectura no es tu fuerte puedes escuchar audio libros o incluso podcasts sobre finanzas y dinero. Hay cientos de podcasts disponibles que puedes escuchar diariamente en tu teléfono o automóvil. Transforma tu automóvil en una universidad sobre ruedas. Lo importante aquí es mejorar y no quedarse estancado con la misma mentalidad y resultados. El autor John C. Maxwell menciona, "sino estamos creciendo, estamos muriendo". La frase está más claro que el agua. El podcast es una herramienta moderna que le puedes sacar mucho provecho y es muy conveniente.

CÍRCULO DE PERSONAS

Charlie "Tremendous" Jones dice "Tú serás la misma persona en cinco años que eres hoy, excepto por las personas que conoces y los libros que lees". Estoy completamente de acuerdo. Si eres padre de familia, estoy seguro de que en algún momento les ha aconsejado a tus hijos que deben elegir buenas amistades. Aunque mis niños están pequeños, lo mismo les aconsejaría. Si aplica a los hijos también aplica a los adultos. El consejo en sí es para todos. Las personas con las que uno más convive influyen mucho en nuestro comportamiento y en nuestra forma de pensar. Una pregunta que podrías hacerte. ¿Estas contento con el círculo de personas que te rodean? ¿A quién cambiarías? Al elegir tus amistades, evita personas tóxicas que se quejan de todo lo que les pasa o personas que andan compartiendo veneno (chismes) por todos lados.

Todos buscamos mejorar y no empeorar. Rodéate de personas que agreguen valor a tu vida y te hagan sentir bien al estar en su presencia. Un buen amigo se alegra de tus logros y te anima a seguir adelante sin importar lo que deseas lograr.

EVENTOS

Una herramienta que existe para mejorar tu mentalidad abundante es asistir a eventos sobre temas como finanzas personales y educación financiera. Los beneficios de asistir a eventos en vivo son muchos, por ejemplo; captas el mensaje y a la vez experimentas una sensación más completa. Después de asistir a eventos te sientes lleno y tu estado de ánimo sube por las nubes. El estado de ánimo juega una parte importante en los resultados que logramos en la vida. Aprovecha cualquier oportunidad para seguir mejorando y elevar tu estado de ánimo. Un estado de ánimo alto te dará la motivación para ir tras tus metas sin flaquear. El consultor de marketing Diego Repetto enseña que asistir a un evento tiene tres principales beneficios: Aprender, hacer conexiones y llenarte de ENERGÍA. Estoy completamente de acuerdo. Ver un evento por televisión no impacta como estar en vivo. Ahora bien, te invito a mi conferencia anual de finanzas personales y dinero que organizo todos los años. Es un evento que no te puedes perder. La conferencia la organizo en noviembre en la ciudad de Salem, Oregón. Para más información sobre este y otros eventos visita mi sitio web VictoriaFinanciera.com o la página en Facebook. Encontrarás mi página en Facebook como Facebook.com/MiVictoriaFinanciera. No olvides darnos un LIKE. Allí comparto consejos financieros que te ayudarán a mejorar tus finanzas personales. Busca eventos en tu ciudad a través del internet o incluso en alguna red social como Facebook o Twitter.

CAPÍTULO 3

METAS Y MITOS

Los sueños sin acción se pueden dar por muertos. Para planificar bien tu vida y transformar tus finanzas necesitarás contar con un plan por escrito. En varias ocasiones le he preguntado algunas amistades sobre si tienen metas. La mayoría responde sí, sin embargo, no tienen sus metas por escrito. Algunos me dicen… "sí tengo metas Joaquín, solo que las tengo en mi mente". ¡Guau, Acá pa mí, ¡pues allí es exactamente donde se van a quedar! Las metas que no se escriben solo serán deseos. El autor y motivador Bryan Tracy, en su libro *Eat That Frog* explica que "escribir las metas aumenta la posibilidad de lograrlas en un 1000 por ciento". ¡Guau! En las finanzas como en la vida debes ser siempre intencional y escribir lo que deseas lograr. Las personas que logran mejorar sus finanzas a corto, mediano y largo plazo, son aquellas que cuentan con un plan por escrito y lo llevan a cabo a través de mucha acción.

Existen muchos factores que influyen en el resultado de nuestras metas. Factores como la determinación, el sacrificio, la disciplina, la educación y la paciencia, entre otros. El tener la paciencia es una virtud que muchos carecen. Vivimos en una sociedad acostumbrada a obtener todo de forma rápida.

Si eres de aquellas personas que se cree la filosofía de prosperar a corto plazo, te tengo una mala noticia, no sucederá. En mi opinión las cosas que se obtienen rápido no duran. Lo que vale la pena tarda muchos años. En nuestros tiempos vemos, por ejemplo; restaurantes de comida rápida que en menos de cinco minutos ya te tienen la comida lista y lo mismo ocurre cuando se utiliza el horno de microondas. Con el paso de los años este fenómeno se ha vuelto más común. La revolución tecnológica ha contribuido mucho a estos cambios y claro, las exigencias de las personas cada vez son más altas.

El beneficio de los avances tecnológicos es diferente para cada uno. La mayoría de las personas hoy en día tiene la expectativa de que las cosas se desarrollan y se obtienen de forma rápida.

El lograr algunas cosas de forma rápida puede ser dañino. Un claro ejemplo es cuando una persona se gana el premio mayor de la lotería. De acuerdo con algunos estudios, un alto porcentaje de las personas que ganan la lotería se declaran en bancarrota en los siguientes 10 años. Sandra Hayes de Missouri y ganadora de 224 millones de dólares de la lotería dijo en una entrevista a la cadena CNBC "Yo tuve que soportar la ambición y las necesidades que las personas tenían para tratar de hacerme que les diera dinero. Eso me causó mucho dolor emocional". Al final ella decidió repartir su fortuna con 12 colegas de su trabajo. Leí muchos reportes y artículos sobre personas que ganaron la lotería y la mayoría atribuyen que el haber ganado la lotería les trajo un sin número de problemas para los cuales no estaban preparados para afrontar. Para aquellos que se declararon en bancarrota, algo sencillo les sucedió. La mentalidad de las personas no evolucionó. Mantener riqueza demanda contar con una mentalidad abundante. Una persona de clase baja puede ganarse la lotería y como nunca habían tenido dinero, lo primero que hace es comprar lujos innecesarios. Compran automóviles, casas, membresías en clubs privados, etcétera. Cuando esto ocurre a los pocos años terminan en la ruina. El no estar al corriente con sus impuestos y no buscar ayuda profesional son algunos de sus errores. Existen casos en donde los propios familiares los acosan constantemente para que les presten dinero y al final el dinero termina siendo una maldición en vez de una bendición.

Existen algunos mitos sobre las finanzas personales y el dinero. Estos mitos o falsedades en vez de ayudar afectan a las personas. Aquí comparto dos mitos que con frecuencia escucho en nuestra comunidad.

MITO 1

EL DINERO ES MALO

¿Como se puede llegar a tener dinero, si vemos al dinero como el problema? Es imposible. Al menos algo significativo. Algunas personas tienen esa opinión sobre las personas que tienen dinero o son ricas. Incluso películas de televisión pintan al rico como el malo que abusa de sus influencias. Antes que nada, para tener dinero se debe cambiar la opinión negativa que se tiene sobre el dinero. Ahora bien, veamos la realidad sobre el dinero. La verdad es así, el dinero es bueno y punto. El dinero es solo un instrumento. El dinero se puede usar para bien o para mal. El problema no es el dinero sino los hábitos o conducta de la persona que lo poseen.

El dinero simplemente obedece a su dueño. El dinero es un fiel siervo de quien lo posee. Si me dieran a elegir entre tenerlo y no tenerlo, elegiría tenerlo. ¿Qué elegirías tu si te dieran a escoger? Me imagino que elegirías tenerlo. Hay personas a quienes tener dinero les hace mal, por la simple forma en cómo lo utilizan. Algunos utilizan el dinero y el poder de sus influencias para hacerle mal a otros. En estos casos, es mejor que algunas personas no lo tengan. Tengo la certeza que la gran mayoría de personas utiliza el dinero para bien. La mayoría lo único que desea es darle a su familia un mejor porvenir. Algunos acusan al dinero como si el dinero fuera un ser viviente que se manda solo. No señores y señoras, el dinero no se manda solo. Las personas son 100% las responsables del uso que se le da.

MITO 2

EL DINERO NO DA LA FELICIDAD

¡Mentira! Por si solo el dinero no da la felicidad, pero sí que ayuda a generar felicidad utilizándolo de forma correcta. El dinero solo no genera felicidad, pero sí permite adquirir aquellas cosas que realmente generan felicidad. Por ejemplo, el tener dinero te permite pasar más tiempo con tus seres queridos. Tener más tiempo equivale felicidad. Leí en algún momento en el pasado que los hijos escriben felicidad de esta forma "TIEMPO de calidad". Una persona sin dinero tiene que ir a trabajar largas horas solo para proveer a su familia. Ahora, trabajar es bueno. Trabajar no es el problema. Una gran verdad es que el dinero compra TIEMPO. El estar trabajando todo el día no permite estar con la familia y pasar tiempo de calidad. Tener control de tu tiempo, es una de las virtudes de tener dinero. Una persona de bajos recursos no tiene control de su tiempo. Si eres padre de familia me entenderás. Como papá o mamá… ¿cómo te sientes cuando por primera vez llevas a tu hijo a la guardería y lo vez llorar por no quererse quedar? ¿Cómo te sientes? Yo soy papá y entiendo el sentimiento que sentirías. Regresando al momento de mi niñez… ¿Cuándo era niño y por primera vez me llevaron al albergue… ¿Como crees que me sentí? Te garantizo que no estaba saltando de felicidad. Todo lo contrario. En ese momento me sentí triste y probablemente derramé algunas lágrimas. Con el paso de los años mis memorias de mi niñez se van nublando cada vez más. Para el año 2021 serán como 32 años atrás cuando estaba en un albergue. Regresando al presente… Cuando escucho pláticas en donde le echan algunas personas la culpa al dinero de sus problemas, solo pienso "que están mal". Para bien o para mal, el dinero nunca elige sus acciones, son las personas quienes lo hacen. La responsabilidad recae 100% en las personas.

Ahora bien, ¿Cómo te sientes cuando llevas a tus hijos a Disneyland y los ves sonreír? Todos, queremos lo mejor para nuestra familia y hacemos por ellos hasta lo imposible. El dinero solo no genera la felicidad, pero sí ayuda. Siempre es mejor tener dinero que no tenerlo. No te dejes influenciar por aquellos que no han logrado hacer nada de sus vidas. El dinero sí compra felicidad. Entre más aprendas sobre finanzas personales, más alta será tu cuenta bancaria y podrás generar más y más felicidad a tus seres queridos.

CAPÍTULO 4

PRIORIDADES

Todos tenemos 365 días al año. Lo cual es un regalo. Lo que decidamos hacer con cada día dependerá de nuestras prioridades y enfoque. Algunas personas van con demasiada prisa por la vida. Y muchas no llevan rumbo. Hay una gran diferencia entre estar ocupado y ser productivo. La mayoría de las personas suelen estar ocupadas, pero logran muy poco. ¿Qué paso? ¿A dónde se fueron sus 365 días del año? No existe evidencia de sus logros. ¿Te imaginas qué pasaría si vivieras cada día del año intencional y con un plan? No me queda duda que una persona que cuenta con un plan por escrito de prioridades incrementaría enormemente su productividad y sus logros. La mayoría de las personas trabajan cinco días a la semana. Lo cual es normal en la sociedad en la cual vivimos. Algunas personas reniegan y otras están agradecidas con el simple hecho de tener un empleo. No entiendo a las personas que reniegan, pero siguen trabajando. ¿Por qué lo hacen? La verdad es simple y sencilla, todos necesitan dinero. Lo cual no tiene nada de malo. A lo que voy es lo siguiente. ¿Ya que tenemos que ir a trabajar, por qué no ponemos a trabajar parte del dinero que ganamos? De esa forma cuando nos jubilemos tendremos lo suficiente para vivir sin presiones. Planificar qué hacer con el dinero que ganamos debería ser una prioridad para todas las personas.

Ahora bien, las personas que siguen un plan triunfan y las que no fracasan. El triunfo tiene diferente significado para todos. Tristemente algunas personas basan su triunfo solo en la cantidad de dinero que tienen en el banco. Lo saludable es buscar un balance entre nuestro entorno económico y nuestra calidad de vida. Para otras personas el significado de triunfo va más allá que contar con dinero. Por ejemplo; La relación espiritual, la salud física y mental, relación con los hijos, los valores y principios familiares, ética de trabajo, por solo mencionar algunos. Todos estos ejemplos son buenos. La verdad es que se requerirá mucho esfuerzo y disciplina diaria para lograr cualquier objetivo. Lograr contar con fuertes finanzas requiere buenas decisiones cada día. Ahora bien, si deseas desarrollar abundancia y prosperidad debes poner un esfuerzo mayor a largo plazo.

Desarrollar abundancia no es una tarea para nada fácil. Desarrollar abundancia requiere varios ingredientes importantes como; contar con una mentalidad abundante, disciplina diaria, paciencia y visión a largo plazo. Los factores tiempo y paciencia jugarán un papel importante en el proceso. Una persona con esfuerzo mínimo, lo máximo que aspira serán finanzas mediocres. La abundancia económica está reservada para aquellos que ponen un esfuerzo extraordinario.

Aquellos que ponen un extra y no se conforman con el mínimo. Nunca se llega a la excelencia por accidente. La excelencia se logra viviendo intencional cada día sin importar cómo uno se siente. La fundadora de Cosméticos Mary Kay, la señora Mary Kay Ash en su libro *Ocurren los Milagros*, dice lo siguiente "Yo creo que la única diferencia entre la gente exitosa y la que no lo es, es una determinación extraordinaria". Estoy completamente de acuerdo. Como ya mencioné anteriormente, hacer el mínimo nunca es suficiente para lograr grandes cosas. Se necesita agregar un extra en esfuerzo, en tiempo, en aprender, en pensar mejor, en rodearte de sabios consejeros, en leer y más importante, un extra en acción y más acción. Se requiere un extra en todo lo que hacemos. ¿Te has puesto a pensar por qué solo el siete por ciento de la población o menos son millonarios? La razón es simple, ellos viven intencional con su dinero y más importante aún se disciplinan para lograrlo siguiendo una rutina diaria. El resto de la población no cuenta con la disciplina, ni tampoco tienen la mentalidad abundante que se requiere para lograrlo. Los cientos de libros que he leído narran los mismos hábitos que acabo de mencionar. Claro existen otros hábitos que se deben aplicar simultáneamente dependiendo de la prioridad o metas que deseas lograr. El esfuerzo para llegar al final de cada mes pagando todas las facturas, llegar a pagar la casa en su totalidad o llegar a ser millonario requiere un nivel de esfuerzo distinto. Entre más alto aspires, más se te exigirá.

Si adquiriste este libro con la idea que solo compartiría algunos secretos mágicos que te darían la formula fácil para triunfar sin esfuerzo, pues lo siento mucho. No existe tal fórmula mágica. Cualquier nivel de éxito requiere un esfuerzo diferente. Mi pregunta para ti. ¿Estás dispuesto a pagar el precio requerido para ser exitoso en tus finanzas no solo a corto, sino a largo plazo? Solo tú sabes la respuesta a esta pregunta. Algo de lo que sí estoy seguro es si las personas que leen este libro aplican mis consejos y recomendaciones a sus vidas, lograrán buenos resultados. Si ellos lo hacen continuamente a largo plazo, los logros que obtendrán serán enormes. Espero que seas una de esas personas que se une al grupo privilegiado del siete por ciento de la población que cuenta con abundancia económica.

En las siguientes páginas aprenderás los pasos que puedes aplicar cada día para lograr al final tus metas financieras. Implementar los pasos es tu responsabilidad. Las acciones te corresponden a ti. Los resultados que obtendrás serán de acuerdo con los esfuerzos que desempeñaste cada día. En algunos pasos deberás consultar con un profesional para adquirir los productos financieros, como los planes de retiro y fondos para educación superior de tus hijos. No seas tímido en buscar la ayuda de un profesional. En este libro comparto algunas sugerencias para elegir un buen profesional. Sabes, debes ser paciente. Muchos en el camino al éxito se desesperan y terminan tirando la toalla como sucede en el boxeo. Recomiendo celebrar cada meta que logres a corto, mediano y largo plazo. Claro, celebra con moderación, no en exceso. Los pequeños triunfos que logramos en el camino hacia la libertad financiera debemos celebrarlos. ¡Ánimo mi gente! En los años que llevo enseñando y consultando a familias a ser mejores administradores con su dinero, me he dado cuenta de que una gran parte de nuestra gente se dan por vencidos a la vida de abundancia y prosperidad. Algunos dicen... "es mucho esfuerzo", y otros "lo voy a intentar". Intentar es un buen inicio, pero no es suficiente. Se requiere de disciplina y tomar buenas decisiones continuamente. La actitud de "lo voy a intentar", no funciona. Se requiere una actitud de ¡lo voy a hacer y punto! A veces en las finanzas debemos ser un poco radicales si nuestro deseo es prosperidad.

Se requiere una actitud de YA BASTA. Ya basta de muy apenas llegar a final de mes en vez de tener más dinero al final del mes. Ya basta de acceder a presiones familiares o amistades que no comparten tu visión. Por ejemplo, algunos accederán a la presión de una invitación a comer a un buen restaurante, aún sabiendo que no tenían el dinero. Las personas que acceden demasiado a las presiones de terceros no progresan. Aquellos que resisten la presión, sí prosperan. Un estudio hecho por la Universidad de Stanford en el año 1972 llamado "el experimento de los bombones", reveló lo siguiente: Se reunió a un grupo de estudiantes en un cuarto y el experimento duró 15 minutos. A cada estudiante se le dio un bombón, pero se les explicó que aquellos que no comieran el bombón después de 15 minutos se les daría un segundo bombón. Después de 15 minutos fueron pocos los que resistieron a la tentación. A todos los estudiantes que resistieron y no comieron el bombón, se les siguió monitoreando por muchos años. Y los expertos notaron que ellos eran más exitosos en comparación a los estudiantes que se comieron el bombón. El estudio mostró que el éxito de una persona está ligado a su habilidad de resistir tentaciones. En otras palabras, las personas que tienen mucho control propio de resistir presiones son más exitosas. Así que, si deseas triunfar en tus finanzas personales, debes aprender a esperar. ¡Paciencia mi gente! Ahora te tengo la siguiente pregunta… ¿Estás dispuesto a invertir en tu jubilación por los próximos 20, 30 o 40 años consecutivos un 10% o más de tus ingresos mensuales? La respuesta a esta pregunta dictará el desenlace de tu jubilación.

La próxima vez que algún familiar o amigo te invite a salir y no tengas el dinero, dile "muchas gracias", pero no está en mi presupuesto. Debes ser firme en tus decisiones. El bienestar de tu familia está de por medio. El bienestar económico de tus seres queridos está por arriba de los intereses de los demás o incluso de tus propios antojos. La autora y asesora financiera Suzi Orman tiene una frase que me gusta mucho y dice así, "Primero las personas, después el dinero y después las cosas". En otras palabras, primero está el bienestar de tu familia, después vela por el bienestar de tus finanzas y por último el comprar cosas materiales. En mi opinión, le agregaría al inicio "Primero Dios, después tu familia, después tu dinero y por último las cosas materiales". Nunca permitas que personas bien intencionadas interrumpan tus prioridades de vida. Ellos podrán tener buenas intenciones, pero no comparten tus planes y visión de vida. Disfruta el presente, mas no olvides que el mañana llegará. En el siguiente capítulo aprenderás cómo manejar correctamente en pareja tu dinero y decisiones importantes que ambos tomarán y cómo cada decisión afecta a los hijos. Veamos…

CAPÍTULO 5

DECISIONES DE PAREJA

La familia unida es el sostén de un hogar y el cónyuge es el aliado más importante. El apoyo incondicional de mi esposa Janet, fue indispensable para empezar y terminar esta obra. No siempre es así en todas las relaciones. Soy afortunado de tener a Janet a mi lado y siempre contar con su apoyo. Un dato que en realidad no debería de sorprendernos es el siguiente: El manejo del dinero es la causa número dos de los divorcios en los Estados Unidos de acuerdo con un estudio hecho por el Instituto de Austin en donde se les preguntó a 4,000 parejas divorciadas sus razones por divorciarse. El estudio fue publicado en el sitio de internet Marriage.com este 2021. En este momento te puedes estar preguntando. ¿Qué debo hacer para evitar ser una estadística más de divorcios? La respuesta es sencilla, lee este libro y aplica las sugerencias que aquí comparto.

La manera en cómo se administrará el dinero, será una plática que las parejas no pueden evitar. Tarde o temprano ocurrirá. Es normal que cada persona en la relación tenga sus propias ideas o estilos. Algo que los dos deben respetar, es la aportación y sugerencias de ambos. El objetivo no es quién tiene la razón. Al contrario, ambos tienen la razón. La pregunta que debes hacerte es la siguiente… ¿Cómo podemos trabajar en equipo? Sigue leyendo… El dinero no debe ser una razón para discutir. La primera vez que hables con tu cónyuge sobre el dinero, ten por seguro que habrá diferencias. Esto es normal en una pareja que busca mejorar. No soy experto en relaciones, pero sí tengo algo de experiencia al estar casado ya 8 años con mi esposa Janet. Regresando al tema… Si el tema de conversación está generando tensión, es mejor posponer la plática para otra ocasión. Es importante que ambos lleguen a un acuerdo. Hagan todo lo posible por trabajar en equipo y por compartir la misma visión. Es mejor tener diferencias con tu cónyuge al principio, conocer su postura hacia diferentes temas incluyendo la administración del dinero, de esa forma en el futuro evitarás dolores de cabeza.

El buscar un acuerdo sobre las finanzas habla de su madurez. Solo una persona inmadura evitaría hablar sobre un tema tan valioso. Es mi deseo que tu cónyuge y tú se sienten a conversar sobre el tema. Como mencioné en la introducción, la razón número dos de los divorcios en los Estados Unidos es por problemas de dinero. El saber esta información debe motivarte. El saber es poder. Las parejas que superan sus diferencias son más felices y exitosas. El dinero no debería ser un obstáculo en la relación. Todo lo contrario, debe darse. Las finanzas los debe unir cada día más. En mi observación, las parejas que tienen una relación sana, por lo general tienen un entendimiento de cómo administrar su dinero. Unas finanzas sanas y fuertes fortalecen la relación. La mujer busca seguridad económica y el hombre busca sentirse realizado. El Dr. Emerson Eggerichs en su libro *Amor y Respeto* narra cómo él buscó el famoso secreto para una relación feliz. Él se preguntó "¿Cuál era el secreto? En realidad, no había secreto alguno. Este pasaje de la escritura ha estado durante unos dos mil años, a la vista de todos. En Efesios 5.33, Pablo escribe: "Cada uno de ustedes ame también a su esposa como a sí mismo, y que la esposa respete a su esposo" (NVI). El título de su libro lo dice todo, Amor y respeto. Un sabio consejo que todos deberíamos aplicar a nuestra relación.

MENTE ABIERTA

Mantener una mente abierta al momento de tomar decisiones es un requisito para cambiar tu vida. El ser mayor de edad no es sinónimo de sabiduría. De acuerdo con el sitio web aboutespanol.com, dice "la sabiduría es considerada como una de las fortalezas humanas por la psicología positiva y hace referencia a la capacidad que tiene una persona para adquirir información a partir de su vida y experiencias y usarla para mejorar su bienestar y el de los demás". La idea aquí es unir fuerzas al momento de tomar decisiones para el beneficio de toda la familia. La meta principal es llegar a un acuerdo en donde cada uno libremente exprese sus recomendaciones, después ambos deben desarrollar un plan en donde cada uno tiene una tarea específica. Las tareas asignadas deben reflejar la fortaleza de cada no. El mejor administrador debe ser el asignado a hacer el presupuesto mensual y balancear la cuenta bancaria. He observado a las parejas que trabajan en equipo y veo que logran más éxito económico que las que no lo hacen. Si aún no eres padre de familia es el momento ideal para aprender a administrar. Es mala idea que solo uno de los dos siempre sea el encargado de administrar el dinero. Nunca sabes cuándo te verás en la necesidad de cambiar tareas. Algo cierto de la vida es que nunca sabemos con exactitud qué nos depara el futuro. Lo único que podemos hacer es estar preparados para cualquier desafío que la vida nos presente. Trabajar en equipo tiene enormes beneficios.

METAS

Las metas en pareja deben reflejar los sueños de cada uno. Las metas ayudan a enfocar energías hacia un solo objetivo y a la vez son tiempo de calidad que ambos pueden disfrutar. La Real Academia Española, define una meta como…"Fin a que se dirigen las acciones o deseos de alguien". En pareja es importante trazarse metas en donde los dos participan activamente. Qué mejor empezar temprano en la relación hablando sobre los deseos de cada uno.

Hay diferentes tipos de metas. Por ejemplo; La familia que incluye (pareja e hijos), el manejo del dinero, el empleo, la educación de los hijos, localidad en dónde vivir, pasatiempos favoritos de ambos, entre otras. Las metas del hombre y la mujer son totalmente diferentes. Las metas de un hombre son relacionadas con el empleo o monetarias, en cambio para la mujer son de familia e hijos. Claro existen muchas otras diferencias simplemente solo estoy haciendo una breve distinción. Estas diferencias pueden ocasionar tensión en una relación, lo cual es normal. Una regla básica es siempre respetar y escuchar la opinión de tu pareja. Esto evitará que las diferencias no causen daño en la relación. Los dos buscan lo mismo y la felicidad de ambos está por encima de las pequeñas diferencias. Con eso en mente los animo a seguir trabajando no solo en su relación, sino también en sus deseos. El respeto mutuo y el bienestar de la relación son más importantes que cualquier aspiración o anhelo personal de cada uno. Recomiendo anualmente fijar un día para sentarse a planear las metas del próximo año. Eviten hacer las metas en su hogar y mejor elijan ir a un lugar público como un café o restaurante. Las distracciones en el hogar son demasiadas si hay hijos pequeños. Por la pandemia del coronavirus salir a un lugar público no es la mejor opción en estos momentos. Después de haber hecho las metas por escrito, los animo a unir fuerzas y trabajar en equipo para lograrlas.

COMUNICACIÓN

Una buena comunicación es vital para una relación sana. La relación se cultiva desde el inicio y aprender a comunicarse entre ambos es indispensable. No hay una fórmula secreta, sino ir mejorando a la misma vez que vamos conociendo cada día mejor a nuestra pareja. Existen maneras prácticas para desarrollar una relación con buenos fundamentos. Por ejemplo, el respeto y la amistad por solo mencionar dos fundamentos. Mi esposa y yo decimos desde el principio de nuestra relación que la fundación principal fuera el respeto mutuo. Ambos creemos en Dios y nos esforzamos por seguir sus enseñanzas. Regresando al tema de comunicación… Es vital hablar sobre el manejo del dinero con tu pareja. Todos los días se tomarán varias decisiones respecto a cómo manejar el ingreso mensual que ambos aportan. Ahora bien, en algunos casos uno de los dos se quedará en casa para cuidar los hijos. Lo cual es normal en algunas parejas. Quiero que quede bien claro, que el valor que aporta la persona que se queda en casa, es igual o incluso más que el cónyuge que provee el sustento mensual. Quedarse en casa a ver crecer los hijos no solo es honorable, sino además es una tarea de enorme trabajo. Agradece a tu cónyuge todo su esfuerzo si él o ella se queda en casa. No tienen que hacerlo, pero por amor lo hacen.

Ahora hablemos de algunas preguntas importantes que surgirán en la relación. Por ejemplo, ¿Qué porcentaje debemos invertir para nuestra jubilación? ¿Deberíamos rentar o comprar casa? ¿A qué escuela queremos que asistan nuestros hijos? ¿Debemos comprar un automóvil usado o nuevo? ¿A dónde vamos de vacaciones? Estas y otras preguntas surgirán al momento de tomar decisiones. Elige siempre el bienestar de toda la familia al momento de tomar decisiones. No te equivocarás si sigues el consejo que acabo de mencionar.

DEUDAS

Eliminar las deudas debe ser una prioridad. Por lo general en un matrimonio ambos llegan a la relación con deudas. Al momento de proclamar las palabras "sí acepto", sus deudas pasan automáticamente a ser nuestras deudas. Ya no son sus deudas ni tampoco las tuyas. Vamos a practicar, dilo, ¡Ya son nuestras deudas! ¿Si vez?, "decirlo no era tan difícil". De tener deudas, necesitan desarrollar un plan para eliminarlas por completo. Recomiendo la estrategia de la bola de nieve, la cual compartiré más adelante en el capítulo pagar las deudas. Lo importante es trabajar en equipo y apoyarse el uno al otro. Dependiendo del monto de las deudas así será el tiempo necesario para eliminarlas. Mientras estás en el proceso de pagar las deudas, no olvides celebrar los pequeños avances. En los momentos de cansancio o desanimo, recuerda las razones "del por qué" lo estás haciendo. El por qué hacemos las cosas nos impulsa a seguir adelante y no darnos por vencidos. Así que tengan bien presente sus razones del por qué lo están haciendo. Las razones serán dinamita pura para seguir adelante sin flaquear.

EMPLEO

Proveer a nuestros seres queridos es una obligación. Trabajar para mí es un privilegio, lo cual hago cada día. Espero también lo sea para ti. Como todos los padres de familia me esfuerzo por mantener altos estándares y aprovechar las oportunidades que se me presentan. Imagino que tú también haces lo mismo. Los empleadores siempre están buscando a personas con alta ética de trabajo y nunca sabes cuándo la oportunidad que has estado buscado tocará tu puerta. Existen estudios que indican que las personas pasan el 80% de su vida trabajando y 20% con la familia o durmiendo. Esto nos revela que una de las decisiones más importantes que tomaremos en nuestra vida de pareja será elegir un empleo. Al elegir un empleo hazte las siguientes preguntas: ¿Qué me gusta hacer? ¿Qué habilidades tengo? ¿Qué me apasiona? ¿Para qué soy bueno? ¿El salario que ofrece este empleo es suficiente para mantener a mi familia y habrá oportunidades para ascender en el futuro? Esta y otras preguntas son importantes hablarlas en pareja. Todos los empleos traerán consigo ventajas y desventajas. Las ventajas podrían ser el salario, la flexibilidad de horarios, si ofrecen plan 401(k) de retiro, etcétera. Las desventajas pueden incluir la distancia del empleo, no ofrecer un seguro de salud o el empleo exige trabajar muchas horas lo cual limita el tiempo de calidad con tu familia. Lo importante es hablarlo con tu pareja antes de elegir y después apoyarse el uno al otro. Las prioridades cambian con el paso de los años, por lo tanto, revisen si el empleo actual sigue siendo la mejor opción o si es tiempo de cambiar. Al momento en que lleguen los hijos, a ellos también se les incluirá en sus decisiones.

LAS 11 ESTRATEGIAS QUE
SOSTIENEN TU ÉXITO ECONÓMICO
PARTE 2

CAPÍTULO 6

PÁGATE PRIMERO

Las finanzas personales son como una telaraña. Hay diferentes aspectos que pueden afectar el desempeño y debes permanecer alerta. Sin embargo, existe un principio universal que funciona extraordinariamente y permite a las personas prosperar. Este principio lo aplico a mi vida y lo recomiendo a todos. Simple y sencillamente págate primero antes que pagarle a un prestamista, institución o empresa de utilidades. Esta estrategia es aplicable incluso antes de pagar cualquier factura ya sea la hipoteca o cualquier otra obligación de gasto mensual. Algunos pensarán que mi postura es un poco radical, pero funciona de maravilla. Esta estrategia funciona para aquellos que la llevan en práctica. La mayoría no lo hace. En lo personal, no busco ser popular sino busco resultados. Habrás escuchado otras referencias que significan lo mismo. Por ejemplo, no gastes más de lo que ganas y vive por debajo de tus ingresos. La idea no es ignorar tus obligaciones de gastos, sino primero invertir en tu futuro y vivir con lo que sobre. Respeto a los que piensan diferente. Algo que he observado es que la mayoría de las personas no prosperan, pero sí que les sobran opiniones. La gran mayoría de la población no tiene dinero y vive de cheque en cheque. La razón principal no es por la falta de información, sino por sus malos hábitos con el dinero y cómo piensan. Los malos hábitos se pueden cambiar. De igual forma podemos cambiar la manera de pensar. ¿Cómo puedes cambiar tus hábitos con el dinero? La mejor manera de hacerlo es aprender sobre finanzas continuamente y llevar a práctica lo que aprendes.

Haz una rutina de cada día aprender algo nuevo sobre las finanzas personales. Puedes aprender leyendo un buen libro o incluso escuchando un podcast. En mi página de Victoria Financiera en Facebook comparto todos los días consejos para mejorar las finanzas. Te invito a seguirme y aprender conmigo cada día. Algunos estudios que se han hecho ratifican que las personas que se pagan primero y viven con lo que les sobra, no les afecta pagar sus otras obligaciones de gasto. Me gusta mucho la definición de la gratificación postergada, que dice así "el aprender a esperar lo que uno desea para un mejor momento". Las personas que compran todo lo que se les antoje, viven de cheque en cheque y aun paso de la bancarrota. Como dijo el asesor financiero colombiano Juan Diego Gómez Gómez en su libro *hábitos de ricos* "La realidad financiera de una persona se basa en lo que ella cree que es posible financieramente, nada cambiará hasta que la realidad de la persona cambie y eso solo es posible cuando esa persona sea capaz de ir más allá de los temores y dudas que a si misma se ha impuesto". Estoy de acuerdo con esta bonita exposición sobre la realidad financiera de una persona. Ahora bien, debemos disfrutar el presente con moderación a la misma vez que planificamos nuestro futuro. Evitemos no hipotecar nuestro futuro económico, adquiriendo en el presente demasiadas deudas. Tengo la firme convicción de que sin deudas se vive mejor.

¿CUANTO DEBES PAGARTE?

En el tema de las finanzas he leído más de 300 libros y cada experto tiene una recomendación diferente. En cuanto a pagarte primero me refiero al propósito de invertir para tu jubilación. La mayoría de los expertos recomiendan invertir para la jubilación entre un 10 a 20 por ciento del ingreso mensual de un hogar. Estoy completamente de acuerdo con la recomendación de otros expertos. Como mínimo recomiendo a todos invertir el 10 por ciento. Hay dos factores que influyen en el porcentaje que debes invertir al momento de empezar: El primero, es cuánto ya tienes invertido o ahorrado hasta este momento y segundo, la edad que tienes. Más adelante en el capítulo 12 de invertir para la jubilación explicaré a detalle los dos factores. En si es sencillo. Si alguien ya tiene una cantidad sustancial, entonces podrá invertir un porcentaje menor. Si alguien no ha ahorrado nada, entonces debe ahorrar un alto porcentaje, como el 20 por ciento. De igual forma una persona de 25 años puede ahorrar un porcentaje menor, que una persona que apenas va a iniciar y ya tiene 45 años o más. Es cuestión de números. Existen estimaciones para la jubilación las cuales puedes obtener gratuitamente en cualquier sitio web de inversiones o incluso al momento de una cita con un asesor financiero certificado. Existen calculadores que proyectan lo que puedes llegar a ahorrar en ciertos años, con base en la cantidad de dinero que contribuyes mensualmente y el total de años que invertirás.

¿CÓMO Y CON QUIÉN DEBO INVERTIR?

La primera opción sería a través de tu empleo si el empleador ofrece un plan de jubilación el cual puedes utilizar para invertir. La segunda opción es invertir con la ayuda de un asesor financiero certificado en tu localidad. En este capítulo me enfocaré en cómo invertir con un asesor financiero o la segunda opción. Primero, haz una cita con un asesor financiero y platica sobre tus sueños y el estilo de vida que deseas tener cuando te jubiles. Recomiendo reunirse como mínimo con dos diferentes asesores, entrevistarlos y así determinar quién te conviene mejor. No elijas al primero con quien te reúnas simplemente dile "lo voy a pensar" y me comunico con usted después. Igual, después de terminar la segunda reunión dile al asesor "lo voy a pensar" y después lo contacto. Tómate unos días después de haberte reunido con los dos asesores y analiza con mente fría y libre de emociones cuál es la mejor opción. Una regla que aplico a mi vida es no invertir en algo que no conozco o entiendo con claridad. Aunque la inversión aparente ser demasiado buena, no invierto si no lo entiendo con claridad. Si la oferta es demasiado buena, puede ser una estafa. Huye de las ofertas demasiado buenas. Ten cuidado, te puedes quemar. No inviertas en algo que no conoces o entiendes con claridad. Por último, escucha tu corazonada sobre el asesor financiero que piensas elegir. Sé franco contigo mismo al hacerte esta pregunta. ¿El asesor financiero que estás pensando elegir te inspira confianza? Si tu corazonada te dice no, hazle caso y busca otro asesor. Elegir un asesor financiero es una de las diez decisiones más importantes de tu vida. Así que tómate el tiempo para discernir bien. Más que nada escucha tu corazonada. No siempre el que habla más bonito o es carismático te conviene. Aquí comparto algunas preguntas que deberías hacerle al asesor con quien te entrevistes. Imprimé las preguntas y llévala a tus entrevistas. Las respuestas te ayudarán a evaluar quién te conviene. Como ya te mencioné anteriormente no elijas el primer o el segundo asesor en el momento que lo estas entrevistando. Días después con mente fría revisa las dos hojas de tus entrevistas y al final escucha tu corazonada.

Entrevista dirigida a un Asesor financiero certificado Nombre:
Fecha:
Teléfono:
Dirección:
1). ¿A qué escuela o institución asististe para adquirir tu certificación?
2). ¿Cuál es tu filosofía de invertir?
3). ¿Tienes algunas referencias de clientes actuales y del pasado?

4). ¿Qué servicios ofrece tu agencia?

5). ¿Cuánto tiempo o años tienes como Asesor financiero certificado?

6). ¿Qué cantidades de portafolios has manejado?

7). ¿Has tenido alguna demanda en el pasado?

8). ¿Por qué decidiste ser asesor financiero?

CAPÍTULO 7

FONDO DE EMERGENCIA

Si en este momento se está quemando tu casa, ¿Qué sería lo primero que harías? Si respondiste llamar al 911 para pedir ayuda a los bomberos, hiciste lo correcto. Estoy de acuerdo contigo. ¿Qué pasaría si un familiar o un amigo se está ahogando? Lo primero, sería ayudarlo ya sea lanzándole un salvavidas o incluso arriesgando tu propia vida para salvarlo. En las finanzas de un hogar el fondo de emergencia es tú 911 o tu salvavidas. Algunos piensan que un familiar o amigos los va a rescatar en alguna emergencia. ¡Falso! Ningún familiar te va a rescatar. Me atrevería a decir que algunos amigos suelen ser más incondicionales que la misma familia. Debería ser al revés, sin embargo, no siempre es así.

Nunca dependas de un familiar o amigo para rescatarte de aprietos económicos. El responsable de tus finanzas eres tú y nadie más. Entre más rápido aceptes esta realidad, mejor orden económico tendrás. Las personas que cuentan con finanzas saludables son aquellas que toman responsabilidad y hacen algo al respecto. Un fondo de emergencia no es un lujo, sino una necesidad. El no estar preparado puede traer serios problemas económicos, hasta el punto de llevarte a la bancarrota. Declararse en bancarrota debe ser la última opción y no la primera. En su libro *Transforma Tus Finanzas en 30 Días*, el experto financiero Andrés Gutiérrez dice lo siguiente "Cuando no hay un fondo de emergencias, tu vida suena como una canción de Paquita la del barrio, por si no la conoces, canta de puro dolor y puro sufrimiento. Todo es crisis, es como vivir en una burbuja de problemas". En lo personal existen algunas canciones de Paquita que se me hacen interesantes, por decirlo de una manera positiva. No podría dejar de mencionar que recomiendo el libro de Andrés Gutiérrez a todos. Ahora, haré dos recomendaciones sobre cómo desarrollar un fondo de emergencia apropiado para ti y tu familia.

PRIMER PASO

FONDO INICIAL DE EMERGENCIA DE $1000 DÓLARES

El primer paso que debes tomar es desarrollar un fondo inicial de $1000 dólares. El fondo inicial es solo para emergencias pequeñas que surgirán en tu vida cotidiana. Por ejemplo: reemplazar las llantas de tu automóvil, comprar una nueva lavadora o secadora, comprar un teléfono inteligente, etcétera. Mil dólares será suficiente para solventar los gastos de emergencias menores. Ahora, quiero aclarar algo muy importante. El fondo de emergencia no es una inversión, sino exclusivamente para emergencias. El fondo de emergencia debe permanecer en una cuenta de ahorros, lo cual lo hace accesible de inmediato. Algunos piensan que el dinero disponible en un fondo de emergencia debería estar ganando intereses o réditos. Repito, este dinero tiene un propósito exclusivo, emergencias solamente. En el capítulo de invertir para la jubilación hablo sobre las inversiones. El fondo de emergencia es similar a un seguro de automóvil. El seguro de automóvil esta allí para protegerte al momento de algún accidente. Si tienes una emergencia y gastas digamos la mitad del total del fondo de emergencia que serían $500 dólares, después de solventar tu gasto, lo primero que se debe a hacer es reemplazar la cantidad gastada. Siempre debes contar con mínimo el fondo inicial que son mil dólares.

SEGUNDO PASO

FONDO DE EMERGENCIA DE 3 A 8 MESES DE GASTOS MENSUALES

Después, de haber completado el paso número uno, aumenta el fondo de emergencia de modo que cuentes con un total de tres a ocho meses de gastos mensuales. La mayoría de los expertos recomiendan en promedio de entre tres a ocho meses. Por ejemplo, los asesores financieros de alto renombre como el señor Dave Ramsey recomienda contar con tres a seis meses y la experta Suze Orman recomienda contar con tres a ocho. Ellos son dos expertos reconocidos mundialmente en el tema de las finanzas personales. Por esa simple razón decidí buscar un promedio para recomendar. Si te sientes bien teniendo solo tres meses de gastos mensuales ahorrados, adelante. Para otros, tres meses ahorrados no serán suficientes y por lo tanto aumentarán su fondo hasta ocho meses. Las dos son buenas opciones, al final será lo que tú decidas.

El fondo de emergencia debe permanecer en una cuenta de ahorros y los nombres de ambos deben estar en la cuenta bancaria si son pareja y están casados. Nunca se sabe cuándo alguno de los dos faltará. No recomiendo compartir cuenta bancaria en los casos de parejas que solo viven en unión libre y no están casados.

LA PANDEMIA DEL CORONAVIRUS

Los expertos dicen que cada diez años todas las familias tendremos una emergencia con gastos considerables. Lo cual se hace indispensable el contar con un fondo de emergencia completo. Un claro ejemplo, es la pandemia del coronavirus que estamos viviendo mientras escribo el capítulo. Este acontecimiento inesperado cambió de la noche a la mañana nuestra vida social y económica creando un futuro incierto. Las familias que contaban con un fondo de emergencia completo podrán sostenerse por más tiempo si llegaran a perder su fuente de ingresos. Sin embargo, las familias que no están preparadas podrían incluso perderlo todo. Espero que hayas sido una de las familias preparadas con un fondo de emergencia al momento que empezó la pandemia del coronavirus. Y si no fue así, es hora de prepararte y así evitar ser sorprendido por otra pandemia o derrumbe económico mundial como el que hoy estamos viviendo. Andrés Panasiuk en su libro *Una prueba como ninguna* dice "Muchas veces hacemos cosas que, en el fondo, no sabemos ni por qué hacemos. Son tradiciones que hemos adquirido, formas de pensar que hemos adoptado, actividades que hemos incorporado a nuestra vida, y nos resulta muy difícil salir de esos patrones de pensamiento. Si vas a ganarle a la crisis, tendrás que estar dispuesto a cambiar". Estoy de acuerdo. Ya incluso estamos incorporando algunos cambios a nuestra vida por la pandemia. Por ejemplo, usar cubre bocas, desinfectar los productos de consumo, lavarse las manos frecuentemente, utilizar desinfectante de manos, entre otros cambios. Al finalizar el mes de enero de 2021 ya son más de cuatrocientos mil fallecidos en este país y más de dos millones en todo el mundo. Estos números por más desalentadores y tristes que son, deben ser un recordatorio a cada uno de nosotros para seguir adelante sin desanimarlos. En estos momentos la mejor inversión que podemos hacer es en nuestra salud. Sigamos las recomendaciones de los expertos de la salud. No es el momento de tirar la toalla. Sé que muchos de ustedes están cansados y frustrados.

Han sido muchos meses de cambios drásticos a nuestra rutina diaria. La solución, aunque lenta ya se avecina para todos, la tan anhelada vacuna. Por ahora solo nos queda esperar nuestro tiempo de vacunación y tener la confianza que pronto este suceso pasará a la historia.

CAPÍTULO 8

SEGURO DE VIDA

La familia es el tesoro más preciado que tenemos y que necesitamos proteger a capa y espada. Tengo la certeza que todos están de acuerdo con esta proclamación. Aun sabiendo lo importante y valioso que son la familia, pocos los protegen con un seguro de vida. Algunos por falta de información y otros por ignorancia o desconocer los productos disponibles. De acuerdo con el sitio web Insuranceandestates.com, reporta que solo el 57% de la población adulta en los Estados Unidos cuenta con un seguro de vida en el año 2020, y que el 65% de los adultos que no tienen un seguro de vida, su razón principal por no adquirirlo es su elevado costo. El costo no debería ser un obstáculo, pero es una realidad que algunos seguros son muy costosos. Es por eso por lo que recomiendo solo los seguros de vida *term life* y explico en detalle en esta estrategia un poco más adelante. Todas las personas en el mundo saben que, si manejan un automóvil, es obligatorio contar con un seguro de auto. Lo mismo deberíamos hacer con nuestra vida. No entiendo por qué no vemos los seguros de vida de la misma forma que vemos los seguros de automóvil.

Los seguros de vida son la mejor manera de proteger a nuestros seres queridos. En nuestra cultura latina no son populares, pero los necesitamos. Pienso que hay una combinación de factores de por qué no lo hacemos, la falta de información y no entender el beneficio o valor que nos ofrecen. También existen algunos que desconocen su costo y los seguros disponibles. En nuestra comunidad latina el hablar de la muerte es un tabú y pocas personas en las familias se atreven a sacar el tema para evitar algún disgusto o mal entendido. Te comparto una realidad de la cual nadie podrá escapar, "todos vamos a morir". Andrés Panasiuk en su libro *¿Cómo llego a fin de mes?*, dice "Un hombre que ama a su esposa debe estar comprometido en cuidarla y protegerla antes y después de su muerte. Seamos responsables con el amor de nuestra vida". Estoy de acuerdo con el señor Panasiuk. El saber que nuestra familia está protegida cuando faltemos, debería darnos paz y tranquilidad. No haré recomendaciones sobre alguna empresa en específico, pero sí explicaré los seguros y daré mi opinión al respecto.

LA SOLUCIÓN

Aquí en Estados Unidos se utilizan mucho los seguros de vida. Nuestros hermanos anglosajones llevan décadas utilizándolos y sacándoles provecho. ¿Ahora bien, quiénes deberían contar con un seguro de vida? Mi recomendación al igual que la de los expertos en finanzas es que todos deberíamos contar con un seguro de vida. El propósito de un seguro de vida es proteger los bienes, reemplazar los ingresos y pagar todas las obligaciones pendientes y gastos fúnebres.

Te comparto 5 razones vitales por las cuales deberías obtener un seguro:

1. Cubrir tus gastos fúnebres.

2. Pagar tus deudas.

3. Terminar de pagar la casa o apartamento (si estas comprando).

4. Pagar la educación universitaria de tus hijos.

5. Generar un ingreso que reemplaza tu sueldo anual indefinidamente.

Años atrás estas cinco razones, me llevaron a adquirir un seguro de vida y así asegurar a mi familia en caso de mi ausencia. Si llevas tiempo siguiendo mis enseñanzas te podrás dar cuenta que vivo lo que enseño. Me gusta ser transparente y franco con la gente. Soy la prueba de mis enseñanzas. ¿Sabías que un seguro de vida es uno de los secretos mejores guardados por los ricos? Ellos adquieren los seguros de vida con la cobertura suficiente para satisfacer las cinco razones o necesidades que acabo de mencionar. De esa forma los anglosajones protegen a su familia de modo que la calidad de vida económica que antes llevaban sigue intacta después de su partida.

DOS SEGUROS

Existen varios seguros de vida en el mercado, pero me enfocaré en los dos más comunes que son el seguro de Término (*term life*) y seguro Completo (*Whole Life*). De los dos seguros, el seguro de término es el único que recomiendo. El seguro de término es un seguro de bajo costo, ofrece la cobertura que deseas y tiene un periodo de duración de 15 a 20 años con un costo mensual fijo. Por ejemplo, un seguro de termino con una cobertura de $250,000.00 dólares, puede llegar a costar entre $20 y $30 dólares por mes dependiendo la edad y estado de salud de una persona. El precio y la cobertura hacen el seguro de término mi favorito. Después de haber terminado el periodo de la póliza de 15 o 20 años, tienes la opción de renovarlo. El costo aumentará en la renovación con base en la edad y el estado de salud en ese momento.

El segundo seguro completo o en inglés conocido como *whole life*, es similar al seguro de término, pero este no tiene fecha de vencimiento. El precio es fijo, pero el costo es alto. Por ejemplo, la misma cobertura de un seguro de término que cuesta unos $30 dólares al mes o incluso menos, su costo en un seguro completo sería unos $100 dólares en promedio. El seguro de vida completo tiene una opción de ahorro incluido. El ahorro que ofrece este seguro es muy poco y en mi opinión no justifica el elevado costo de la póliza. Algunos agentes promueven este seguro por la opción incluida del ahorro o inversión. Quiero recordar que el propósito de un seguro de vida es solo para protección y no inversión. La mayoría de los expertos en cuanto a ahorrar para la jubilación o retiro, los únicos productos que recomiendan para hacerlo son los siguientes, Roth 401(k), 401(k) Tradicional, Roth IRA y IRA Tradicional. Explicaré los detalles de estos productos para ahorrar para la jubilación o retiro más adelante en el capítulo 12.

¿CUÁNTA COBERTURA NECESITAS?

No gastes más de lo que necesites gastar en un seguro de vida. Al momento de elegir un seguro asegúrate que la cobertura total cubra las cinco razones o necesidades que mencioné anteriormente en este capítulo. Por ejemplo, digamos que falleció una persona de nombre José. José estaba casado y tenía cuatro hijos menores de edad. El ejemplo uno, narra la situación de José. Lo cual es solo un ejemplo. El ejemplo dos, lo puedes utilizar para calcular la cobertura que necesitarás al momento de adquirir un seguro de vida.

Ejemplo 1: José, casado y 4 hijos menores de edad.

1. Gastos fúnebres (Estimación año 2020- Funeral tradicional)	$8,000.00
2. Pagar todas las deudas	$15,000.00
3. Pagar el saldo restante de la casa o condominio	$150,000.00
4. Pagar la educación de universidad o colegio de los hijos	$160,000.00
5. Generar un ingreso que reemplaza el sueldo anual	$400,000.00
Estimación total de cobertura necesaria	**$733,000.00**

Ejemplo 2: Estima la cobertura que necesitas

1. Gastos fúnebres $

2. Pagar todas las deudas $

3. Pagar el saldo restante de $
la casa o condominio

4. Pagar la educación de $
universidad o colegio de los
hijos ($40,000 por hijo)

5. Generar un ingreso que $
reemplaza el sueldo anual

**Estimación total de cobertura $
necesaria**

CAPÍTULO 9

BALANCEAR LA CHEQUERA

Acabo de balancear mi chequera y me causó un dolor de cabeza. Claro, esto no es algo normal que me ocurra, pero hoy me sentía cansado y tenía recibos de tres días sin balancear. En mi primer audio CD de enseñanza titulado **Curso Básico de Finanzas,** hablo de lo importante que es balancear la chequera cada día. Habrá días por diferentes circunstancias en donde no se podrá hacer, lo cual es normal. Si hoy no fue posible hacerlo, hazlo mañana. Ahora bien, si no utilizas chequera y más bien usas alguna aplicación digital que te funciona, adelante. Lo importante es mantener la constancia del saldo disponible y a la vez poder ver claramente a dónde se está yendo el dinero. Balancear la chequera tiene muchos beneficios. Aquí comparto tres de ellos.

1. **Saber el saldo disponible.** El saber cuánto dinero tienes disponible en tu cuenta bancaria te permitirá tener control de tu dinero y a la vez saber el saldo total. Saber que tienes dinero disponible traerá tranquilidad y armonía a tu hogar. Hay estudios que revelan que las personas que tienen dinero ahorrado son más felices.

2. **Evitar sobre cargos.** Una de las fuentes de ingresos con la que cuentan los bancos son los cargos que cobran en cuentas sobre giradas. De acuerdo con el reporte publicado en el sitio web de Forbes y hecho por Center for Responsible Lending para el año 2019, explica que los grandes bancos en los Estados Unidos recaudaron más de 11 mil millones de dólares por cuentas sobregiradas. Estos cargos por sobregiros son la consecuencia de no balancear la chequera o registro bancario. No estamos en tiempos de regalar el dinero. De hecho, no existe tiempo perfecto que justifique pagarlos. Los cargos de penalidad por sobre girar la cuenta bancaria oscilan entre los $20 a $40 dólares por transacción. Existen dos maneras de evitar este cobro: La primera, es balanceando la chequera y la segunda, contar con protección de sobregiros. La protección de sobregiros simplemente es cuando tú le indicas al banco que transfiera los fondos necesarios de una cuenta de ahorros para cubrir la transacción y así evitar la penalidad. Para más información pregunta a tu institución bancaria qué opciones ofrecen para evitar pagar sobre cargos.

3. **Corregir errores en tu estado de cuenta.** Los bancos o cooperativas de crédito no son perfectos y cometen errores. Estos errores nos pueden costar dinero y repito no estamos como para regalar el dinero que tanto nos costó ganar. La mayoría de los bancos ofrecen un tiempo limitado para corregir errores. Al banco no le importa de quién es el error,

por lo tanto, debes estar a la vanguardia. La responsabilidad final es tuya y de nadie más. Nunca delegues la responsabilidad total de tu dinero a nadie. Siempre debes estar alerta y proteger tu dinero.

Por último, entiendo que balancear el registro bancario no es una tarea que nos nazca hacer, sin embargo, vale la pena hacerlo. Sabes, en promedio menos del 7% de la población logra ser financieramente independiente. Las personas que son económicamente exitosas lo hacen. Si es bueno para ellos hacerlo, también lo es para ti. Si deseas ser exitoso, la forma más sencilla de lograrlo, simplemente haz lo que las personas exitosas hacen. Si ellos mantienen al corriente su estado de cuenta, igual tú deberías hacerlo. Al momento de comprar, siempre pide recibo ya sea electrónico o en papel. No confíes en tu cerebro para recordar cada transacción hecha o el saldo disponible de tu cuenta bancaria.

CAPÍTULO 10

PRESUPUESTO MENSUAL

La más reciente encuesta en donde participaron 1,000 personas que fue elaborada por Comet y publicada en el sitio web The Motley Fool, reveló que el 74% de la población en los Estados Unidos hace un presupuesto mensual. En el resto del mundo el porcentaje es similar. Algunos dicen "hacer el presupuesto es aburrido" y otros "toma mucho tiempo y el tiempo es lo que no tengo". No debería ser así, pero es la verdad. ¿Ahora, cómo te sentirías si el día del mes que haces el presupuesto lo haces un evento especial? Déjame darte algunas ideas que puedes implementar. Al momento de hacerlo puedes tomar tu bebida favorita, comer un rico platillo o disfrutar un cafecito y postre, etcétera. Hacer el presupuesto cada mes puede ser algo que puedes disfrutar. Todos, somos creaturas de habito y crear un presupuesto requiere desarrollar un nuevo hábito. El saber que estas avanzando económicamente debería ser razón suficiente para motivarte hacerlo. Compartiré 7 sencillos pasos para hacer el presupuesto fácilmente. Un presupuesto cada mes hace posible lograr las metas que te propongas y es un plan para tu dinero. No menosprecies su poder. Mi esposa y yo por años llevamos haciendo nuestro presupuesto sin falta cada mes. No solo lo hacemos, sino que lo vivimos. Tú también lo puedes hacer. Aquí comparto la formula sencilla que puedes seguir.

1. Compra una libreta
2. Titula una hoja "**presupuesto mensual**" y agrega el mes y el año.
3. Suma todos los ingresos y escríbelos – incluye ingresos netos totales de ambos cónyuges estimados para el mes. **Ejemplo**: (Ingreso del esposo y la esposa). También escribe y suma cualquier otro ingreso adicional.
4. Dos renglones abajo escribe lo siguiente de izquierda a derecha: Nombre de institución, pago mínimo y fecha de vencimiento.
5. Escribe ahora **TODOS** tus gastos e incluye nombre, pago mínimo y fecha de vencimiento.
6. Ahora, suma el saldo total de todos tus pagos mínimos y escríbelos en la hoja. Este ejercicio es para saber el saldo total de gastos que tienes al mes.
7. Réstale el total de gastos o el paso #6, al total de ingresos del paso #3. Ejemplo: ($3,000 de ingresos – $2500 de total de gastos = $500 disponible). **La meta es que SIEMPRE te sobre dinero**. Si no te sobra dinero entonces tienes tres opciones. Recortar tus gastos, incrementar tus ingresos o hacer las dos cosas.

Como te podrás dar cuenta estos siete pasos son sencillos y fáciles de aplicar. Para facilitar hacer el presupuesto he desarrollado un formulario que puedes utilizar y descargar gratuitamente en mi sitio web VictoriaFinanciera .com/gratis. Utilizar una libreta sigue siendo una opción. Si prefieres utilizar algún programa digital, adelante. Lo importante es hacerlo y así saber a dónde se va el dinero. Si tienes pareja es mejor hacerlo en algún lugar público; como un Café o algún restaurante en otros tiempos. En estos tiempos de la pandemia del coronavirus ir a un lugar público, no es la mejor opción. Es mejor quedarse en casa. En otros tiempos, adelante. Repito en estos momentos por la pandemia del coronavirus, es mejor hacerlo en casa. Desarrollar la disciplina o habito de hacer un presupuesto cada mes te llevará entre dos a tres meses. No te preocupes si el primer mes los gastos que estimaste no fueron exactos. ¡No te preocupes! Es cuestión de práctica. En la siguiente página podrás ver el formulario de presupuesto que puedes utilizar y hacer todo el proceso sencillo. El autor John C Maxwell describe el presupuesto así "Un presupuesto es cuando la gente le dice a su dinero a dónde ir, en lugar de averiguar a dónde fue". Estoy de acuerdo. Simplemente al asignar un gasto le estamos dando prioridad. Una realidad de la cual no podemos escapar es la siguiente. No habrá dinero para comprar todo lo que se nos antoje, por lo tanto, debemos elegir y gastar solo en lo que realmente es importante para nosotros. No te dejes deslumbrar como otra gente gasta su dinero. El presupuesto debe ajustarse a los ingresos y prioridades de cada hogar. Lo cual es lo más importante. El autor Andrés Panasiuk dice "No lo compres si no está en tu presupuesto". A veces todos necesitamos escuchar tan sabio y a la vez sencillo consejo. El consejo no es una postura radical. Al contrario, es una postura de una persona con un nivel alto de madurez. Simplemente si no lo podemos pagar, no lo debemos comprar.

Presupuesto Mensual	Mes:		Año:	
Estimación de Ingreso Neto 1		$		
Estimación de Ingreso Neto 2		$		
Estimación de Ingreso Neto 3		$		
Estimación de Ingreso Neto 4		$		

	Estimación de Ingreso Total	$	
Gastos y Deudas	**Pago Mínimo**	**Balance**	**Fecha de Vencimiento**
Hipoteca / Apartamento 1			
Hipoteca / Apartamento 2			
Ahorro			
Comida			
Electricidad o Luz			
Gas			
Agua			
Basura			
Teléfono de Casa / Celular(s)			
Cable, Televisión o Internet			
Internet (solo)			
Pago de Automóvil 1			
Pago de Automóvil 2			
Seguro de Automóvil (s)			
Transporte Publico			
Gasolina			
Cuidado de Niños			
Costo de Almuerzo Escolar			
Seguro de Hipoteca o Apt.			
Seguro de Salud Familiar			
Seguro de Vida 1			
Seguro de Vida 2			
Inversión: Plan de Jubilación			
Inversión: Plan Educativo			
Préstamos Estudiantiles			
Tarjeta de Crédito 1			
Tarjeta de Crédito 2			
Préstamo Personal			
Gastos de Entretenimiento			
Ropa y Calzado			
Donaciones (Iglesia, etc.).			
Otros			
Otros			

Ingreso Total	$
(Menos) Total de Gastos y Deudas	$
Ingreso Sobrante	$

© *VictoriaFinanciera.com - Visítanos y regístrate a nuestro boletín mensual financiero y nuevas herramientas.*

CAPÍTULO 11

PAGAR LAS DEUDAS

Creo firmemente que se vive mejor sin deudas. La mayoría de las personas piensan que mantener deudas es algo normal y por lo tanto ya son un estilo de vida en nuestra sociedad. Las deudas en Estados Unidos como en otros países de América Latina se han vuelto un mal vicio. Existe una enorme diferencia entre una persona libre de deudas y una que no lo es. Aquí comparto algunas características de personas libre de deudas: Mejor autoestima, son positivas, tienen visión, planifican su futuro, tienen mejores relaciones con familiares y amigos, son más felices, muestran seguridad y hasta su caminar es diferente. Todo lo contrario, ocurre con personas que tienen deudas. Aquí comparto unas características de personas altamente endeudadas: Carecen de baja autoestima, son pesimistas, piensan a corto plazo, su círculo de amistades es similar a ellos y su pasatiempo suele ser de mucho entretenimiento. Personas altamente endeudadas suelen permitir a veces que sus jefes les falten al respeto por el simple hecho que necesitan el empleo. También, ellos están a uno, dos o tres meses de la bancarrota si pierden su fuente de ingresos. Personas altamente endeudadas son como esclavos modernos del sistema financiero. No sé si tengas deudas, pero indispensablemente de cómo las adquiriste no te preocupes existe una solución. Yo he tenido deudas en el pasado, pero decidí salir de ellas, con excepción de la hipoteca la cual vamos con paso firme para pagarla en pocos años. Tú también puedes hacer lo mismo. Si tienes deudas, planifica pagarlas lo antes posible. Libérate de la presión de las deudas y vive libre con paz financiera. Ser libre de deudas es una decisión y no circunstancias. Ahora la pregunta del millón… ¿Te gustaría aprender cómo salir de deudas? Compartiré un plan de 5 pasos que funciona de maravilla. El plan se llama la bola de nieve y lo aprendí años atrás del experto financiero Dave Ramsey. En su libro *La Transformación Total de su Dinero*, el señor Ramsey habla de lo eficaz de este plan y cómo millones de personas lo han seguido y con mucho éxito. Con el paso de los años he seguido a muchos expertos y de sus sistemas para eliminar deudas, pero ninguno se compara con el del señor Ramsey. El plan de la bola de nieve es la mejor opción y es la única que recomiendo. Veamos en qué consiste el plan de la bola de nieve que cualquier persona puede implementar de inmediato a sus finanzas.

1. Haz una lista de todas tus deudas y enuméralas en orden del balance más bajo al más alto.

2. Haz tus pagos mínimos en todas tus deudas.

3. TODO, el dinero restante después de hacer todos los pagos mínimos, págalo a la deuda con el balance más bajo. Primero, enfócate en pagar la deuda con el saldo más bajo. Después de pagar la deuda con el balance más bajo, paga la siguiente y sucesivamente hasta pagarlas todas.

✓ **IMPORTANTE:** Agrega el pago mínimo de las deudas ya pagadas a la siguiente deuda y así cada vez el pago es más grande que pagas a la siguiente. De esta forma las deudas se pagan rápidamente. No hagas excepciones.

4. En caso de que tengas dos deudas con el mismo balance, pero diferente interés, paga primero la deuda con el interés más alto.

5. Mientras pagas tus deudas, NO adquieras nuevas deudas.

Seguir el plan no es complicado. De hecho, es un plan sencillo. El reto principal que las personas enfrentan son simplemente sus malos hábitos. Somos creaturas de hábito. Cambiar malos hábitos no sucede de la noche a la mañana. Es un proceso que toma tiempo. Tener la voluntad y las ganas de cambiar son el primer paso. Todo es posible mientras exista voluntad. Salir de deudas es una decisión. ¿Cuáles son tus razones para salir de deudas? Las personas que logran pagar sus deudas a corto plazo con la excepción de su préstamo hipotecario son aquellas que cuentan con fuertes razones. Las razones o el por qué hacemos algo es más importante que el método que empleamos. Primero, se toma la decisión y segundo, se decide los pasos a seguir. Unas preguntas que puedes hacerte para ayudarte a encontrar tus razones del por qué lo deberías hacer. ¿Vale la pena sacrificarme para pagar mis deudas? ¿Cuál es el beneficio que obtendré al pagar mis deudas de forma rápida? ¿Qué beneficios me estaré perdiendo en el futuro si decido no pagar mis deudas rápidamente? Estas y otras preguntas surgirán al momento de tomar la decisión. Algunos optan por seguir igual y solo pagar el pago mínimo. Es una decisión muy personal. Tú decides qué te conviene mejor. Si no cambias, nada cambia. Lo único que te puedo decir es que los resultados son solo para aquellos que deciden cambiar y toman las acciones necesarias de inmediato. El levantarse por la mañana y no tener deudas (excepto la hipoteca), es un sentimiento que debes experimentar. La sensación de paz y total tranquilad es una emoción única. Se siente uno totalmente libre.

UN MENSAJE A LOS ESPOSOS

Esposos, presten mucha atención a lo que voy a decidir. Tu felicidad está de por medio. Comparto algunos beneficios que notarás en tu hogar al estar libre de deudas: Tu esposa o compañera de vida te amará más de lo que antes te quería. Te respetará y se sentirá orgullosa de ti. Ella sentirá seguridad de su bienestar económico. Si tienes hijos, ellos notarán la tranquilidad que se siente en el hogar. Por último, la madre de todas las razones, evitarás el divorcio. Los problemas de dinero es la razón número dos de los divorcios en los Estados Unidos como mencioné anteriormente en el capítulo de decisiones de parejas. Si amas a tu pareja, deberías seriamente considerar seguir este plan y liberarte de las deudas. El bienestar de tu relación está de por medio.

Si eres una persona soltera, tú tienes el control total. El mal manejo del dinero y las deudas pueden destruir un matrimonio de la noche a la mañana. No cedas terrero y empieza hoy el plan de la bola de nieve.

CAPÍTULO 12

INVERTIR 10 A 20% EN LA JUBILACIÓN

Invertir dinero es una decisión. Al igual que no invertir es una decisión. Un comentario común que escucho de personas que no ahorran o invierten dinero, dicen lo siguiente "Cómo voy a ahorrar dinero si no me alcanza lo que gano". O "Cuando me sobre dinero entonces voy a invertir". ¡Falso! Las personas que tienen dinero invertido son aquellas que decidieron hacerlo. Así de simple. La realidad es que nunca vas a ganar lo suficiente. Conozco personas que con un bajo ingreso ahorran para su fondo de emergencia y al mismo tiempo invierten para su jubilación. Lo hacen sin excusas porque saben que nadie lo hará por ellos. Invertir debe volverse una prioridad en tu vida. De lo contrario, no contarás con lo suficiente para vivir en paz financiera los últimos días de tu vida. Cualquier hábito se desarrolla a través de la repetición. El hábito de invertir se desarrolla de forma automática cuando se es consistente. El autor y motivador Anthony Robbins dice "La repetición es la madre de todas las habilidades". Simple y sencillamente somos creaturas de hábito y nos convertimos en lo que frecuentemente hacemos.

Earl Nightingale lo dijo mejor en su clásico titulado *El secreto más raro*, "Nos convertimos en lo que pensamos". Las personas que invierten en su jubilación lo hacen sin importar cuánto ganan. Allí está la clave. Es una excusa barata el decir no invierto porque no me alcanza, cuando esa misma persona la vez los fines de semana en el cine o en el baile. Ahora imagínate esta misma persona ya en el cine, decide comprar el combo de palomitas y soda grande. Allí ya se fueron unos veinte a veinticinco dólares. No quiero pensar el monto que sería si esta misma persona decide llevar a toda la familia. Ahora bien, ir al cine no tiene nada de malo. Igual ir a un baile no tiene nada de malo. El error está en gastar demasiado en entretenimiento y no ahorrar lo suficiente para la jubilación. El no ahorrar en los Estados Unidos o en cualquier parte del mundo es simple y sencillamente una decisión personal. La oportunidad de ahorrar existe y no hay excusa valida que justifique no hacerlo. La forma en cómo gastamos el dinero revela nuestras prioridades reales.

Me gustaría aclarar que cuando utilizo la palabra ahorrar, me refiero a invertir. En esta estrategia hablaré exclusivamente sobre invertir para la jubilación o comúnmente conocido como el retiro. Todos llegaremos a la vejez. Ahora bien, ¿Cómo te gustaría llegar? ¿Te gustaría llegar con dinero o sin dinero? Creo saber la respuesta. Quiero pensar que todos preferimos llegar a la jubilación con buen dinero ahorrado. El porcentaje que recomiendo ahorrar para la jubilación es de entre 10 a 20% del ingreso bruto mensual. Como mínimo es el 10% que recomiendo ahorrar para la jubilación.

Existen 2 factores que son cruciales para ahorrar para la jubilación; la edad y el porcentaje de ahorro. Un tercer factor es la tolerancia al riesgo o dicho de otra forma es en donde se invierte el dinero y el riesgo que eso conlleva. Explicaré cada factor en detalle y cómo cada uno es importante.

EL FACTOR DE LA EDAD

¿Cuántos años te quedan para jubilarte? Por ejemplo, si tienes 20 años y te piensas jubilar a los 65 años, tienes 45 años para invertir. Quiero dejar bien claro que los únicos métodos que recomiendo para ahorrar para la jubilación o retiro son los siguientes: El plan Roth 401(k), 401(k) Tradicional, Roth IRA y IRA Tradicional. Estos cuatro productos son excelentes, pero dos son mejores por sus beneficios de impuestos. En si ambos planes cuentan con beneficios de impuestos. Solo que en los planes de Roth 401(K) y Roth IRA inviertes del ingreso neto que te llevas a casa y cuando retiras tu dinero en la jubilación no pagas impuestos. Existen requisitos los cuales debes seguir para evitar pagar los impuestos. Por ejemplo, esperar hasta la edad los 59 ½ para empezar a retirar el dinero, entre otros requisitos.

Las leyes que gobiernan los planes de jubilación cambian con el paso de los años, recomiendo asesorarte bien con un asesor financiero certificado al igual que un contador público certificado (CPA) especialista en impuestos. En otras palabras, con los planes Roth 401(k) y Roth IRA pagaste los impuestos por adelantado con base en la escala de impuestos en la cual hoy te encuentras. Todo lo contrario, ocurre con los planes 401(k) Tradicional y IRA Tradicional. Estos últimos dos planes ahorras sin pagar impuestos al principio y pagas los impuestos cuando retiras el dinero. En otras palabras, evitas pagar impuestos al momento de hacer tu contribución al plan y pagas los impuestos al final cuando retiras tu dinero. Ahora bien, en la segunda opción pagarás los impuestos con base en las leyes que existan cuando te jubiles. Es muy probable que en los siguientes 30 a 40 años, los impuestos sean más altos, por lo tanto, pagar los impuestos al inicio con los planes Roth 401(K) y Roth IRA son más atractivos para invertir.

En estos tiempos los impuestos son considerados bajos. Quiero enfatizar que nadie sabe con exactitud cómo estarán los impuestos en el futuro. Un indicador que analizo en lo personal para calcular como estarán los impuestos en el futuro son las proyecciones de cuántos hijos las familias en los Estados Unidos planean tener. Actualmente de acuerdo con la empresa de estadísticas Statista.com, para el año 2020 el promedio por hogar en los Estados Unidos es de 2.53 personas. Si las proyecciones indican que el número de personas bajara por hogar, entonces conviene invertir pagando los impuestos de hoy. Otro indicador que observo, son cuantas personas se jubilarán en el futuro versus cuántas personas estarán trabajando en el mercado laboral. En el futuro es probable que las personas jubiladas sean igual o incluso más que las personas que están en el mercado laboral. Esto indicaría que las personas que se hallan trabajando les quitarán un porcentaje más alto de él que hoy pagamos para programas como seguro social, medicare, entre otros. En lo personal yo utilizo los planes Roth como la primera opción y los tradicional como la segunda opción.

De las cuatro opciones que mencioné, decide cuál es la mejor opción para ti. Si tu empleador no te ofrece un plan de retiro, el plan Roth IRA es la mejor opción la cual puedes adquirir con un asesor financiero certificado. Existen otros productos financieros, pero no los recomiendo ni los mencionaré. Estos cuatro productos que ya mencioné son los únicos que recomiendo que ya tienen décadas de existencia y con resultados muy favorables. No perderé el tiempo hablando de 10 a 20 productos financieros que lo único que hacen es confundir y distraer a las personas. He aprendido que una persona confundida hace dos cosas; No toma una decisión o si decide, elige mal. Esta estrategia es precisa y ahora con detalles quiero explicar por qué es la mejor opción para la jubilación. Ningún otro producto en el mercado se acerca a estos planes de jubilación. Algunos asesores financieros estarán en desacuerdo con mis recomendaciones. Respeto su trabajo, pero existen algunos asesores financieros que en lo personal no invertiría un centavo con ellos. Ahora quiero mencionar que existen buenos asesores simplemente debemos entrevistarlos como ya mencioné en el capítulo de Págate primero, para así elegir el mejor. Regresando al tema... Entiendo el concepto de diversificación, pero para la jubilación quiero ser bien preciso y no distraerme. Hay una etapa para la diversificación, pero en mi opinión ocurre cuando una persona ya está bien establecida económicamente y los planes de jubilación están siendo financiados completamente por lo porcentajes de contribución que ya recomendé. "Mi gente no se me distraigan". Este plan funciona y de maravilla.

LA FORMULA SECRETA

El siguiente dato respalda mis recomendaciones de solo invertir para la jubilación en las cuatro opciones que ya mencioné. De acuerdo con el libro *Everyday Millionaires* por Chris Hogan, él entrevistó a 10,000 millonarios y el estudio revelo lo siguiente: "El 79% de todos los millonarios en los Estados Unidos atribuyen su fortuna a invertir continuamente en planes de retiro 401(k) a lo largo de muchos años". ¡Boom! ¡Boom! ¡Boom! Allí está todo lo que necesitas saber. Ahora este estudio es el más grande que se ha llevado a cabo en los Estados Unidos sobre los millonarios. En otras palabras 8 de cada 10 millonarios utiliza los planes de retiro que recomiendo. Yo tengo un nivel de inteligencia promedio, pero sé hacer números y si veo que algo funciona para 8 de cada 10 millonarios, lo haré. Mejor dicho, ya lo estoy haciendo. Si funcionan estos productos para ellos, también funcionaran para nosotros. Es cuestión de matemáticas aliado con sentido común.

Ahora bien, solo 2 de cada 10 millonarios logra ser millonario a través de alguna otra inversión. Por esta simple razón no me enfoco en lo que hacen 2 de cada 10 millonarios. Me enfoco en lo que hacen 8 de cada 10 millonarios. Como mencioné anteriormente esto es cuestión de matemáticas. Mi deseo es impactar y ayudar a la mayoría de las personas posible. Sabiendo estos datos debe ser más fácil el tomar decisiones respecto a cómo ahorrar para la jubilación. No te dejes deslumbrar por nuevos productos financieros que salen al mercado con el paso de los años que prometen mucho y al final se quedan cortos.

Ahora entremos más en detalles sobre cómo invertir para la jubilación. Utiliza los planes de retiro Roth 401(k) o 401(k) tradicional si tu empleador los ofrece. Si tu empleador ofrece un plan de retiro Roth 401(k), inscríbete y empieza a contribuir el porcentaje mínimo de 10% o hasta el 20% si fuera necesario. No importa si el empleador no ofrezca un porcentaje que lo iguale. Mientras el plan que ofrezca tu empleador sea el Roth 401(k), invierte todo el porcentaje entre 10 a 20 por ciento.

La estrategia cambia un poco en el siguiente ejemplo. Si tu empleador ofrece solo el plan 401(k) tradicional, pero te ofrece un *match* de hasta el 5 por ciento, entonces tú también contribuye el 5 por ciento y así estas maximizando el plan. Digamos que decidiste ahorrar un total de 15% para la jubilación. A través de tu empleador ya contribuiste un 5 por ciento. No cuentes el porcentaje que contribuye tu empleador al facturar el porcentaje total que tú tienes que contribuir. El dinero que contribuye tu empleador es dinero gratis y que bien que lo ofrecen. Pero no lo cuentes en el porcentaje total que tienes que contribuir para tu jubilación. Regresando al tema… Si ya contribuiste el 5 por ciento en el plan que ofrece tu empleador, ahora solo te queda ahorrar otro 10%. El último 10% inviértelo a través de un plan Roth IRA con un asesor financiero certificado. De esa forma estarías invirtiendo un total de 15 por ciento.

Ahora digamos que tu empleador no ofrece ningún plan. En esos casos, contribuye el total del ahorro ya sea 10%, 15% o 20% utilizando el plan Roth IRA que abrirías con un asesor financiero certificado. Recuerda, recomiendo ahorrar entre un 10 a 20 por ciento. IRA significa Cuenta de Retiro Individual. Este tipo de cuentas las puedes abrir con una empresa de inversiones nacional como; Edward Jones, Fidelity, Charles Schwab, The Vanguard Group, Morgan Stanley Wealth Management, Bank of América Global Wealth & Investment Management y Goldman Sachs por solo mencionar algunas empresas. Estas empresas de inversiones nacionales cuentan con oficinas por todo el país. También existen otras empresas pequeñas que puedes acudir para hacer tus inversiones. Siempre como primera opción procura una empresa nacional. Algo muy importante es buscar un agente de inversiones certificado y que hable tu idioma. Si tienes pareja analiza con tu cónyuge qué porcentaje podrían ahorrar juntos para su jubilación y comprométanse a hacerlo de forma continua hasta llegar a la edad de la jubilación. La clave está en empezar y no parar hasta el momento del retiro ya sea en 10 o 45 años.

Aviso: Evita pedir préstamos a tu cuenta de jubilación. La única razón válida en mi opinión para pedir un préstamo a tu cuenta de jubilación sería solo la de una emergencia en donde estas a punto de perder tu casa y los fondos serían solo para pagar la deuda atrasada del préstamo hipotecario. En ningún otro caso lo veo necesario y responsable. Si eres una persona soltera, igual comprométete a invertir un mínimo de 10% y hazlo de forma continua hasta el momento de jubilarte.

EL FACTOR PORCENTAJE

Entre más joven es una persona, menor será el porcentaje que necesitará invertir. Por ejemplo: si tienes entre 20 a 25 años, ahorrar 10 a 15% del ingreso mensual bruto es suficiente. Si tienes 40 años o más y no tienes dinero ahorrado, entonces deberías invertir un porcentaje más alto como un 20% de tu ingreso mensual. La edad y el porcentaje de ahorro son determinantes en una inversión. El tomar acción es el gran separador entre aquellos que tienen y los que no. Existe un concepto que se llama el interés compuesto. De acuerdo con el banco BBVA en su sitio web, el interés compuesto "es aquel que se va sumando al capital inicial y sobre el que se van generando nuevos intereses". También "El dinero, en este caso, tiene un efecto multiplicador porque los intereses producen nuevos intereses". El Interés compuesto es un multiplicador poderoso del cual los beneficios son enormes. Albert Einstein una vez dijo "El interés compuesto es la octava maravilla del mundo. Aquél que lo entiende, lo gana...aquel que no lo entiende, lo paga". Realmente es sorprendente el poder del interés compuesto en inversiones bursátiles. Es gigante su efecto multiplicador.

FONDOS DISPONIBLES DENTRO DE LOS PLANES DE JUBILACIÓN

Los cuatro planes de jubilación están compuestos de diferentes fondos. Ahora explicaré qué fondos recomiendo y por qué. Con tantas opciones, esto puede resultar confuso, pero no debería ser así. Algunos negocios ofrecen a sus empleados un taller en donde les explican las opciones disponibles. Si tu empleador ofrece un taller educativo sobre las opciones disponibles dentro de sus planes Roth 401(K) o 401(k) Tradicional, aprovecha la oportunidad y asiste a su clase. Elegir buenos fondos puede ser abrumador, por lo tanto, algunos empleados prefieren no invertir. Al decidir no invertir es un error mayor. Aquí te comparto una formula sencilla que puedes seguir para elegir los fondos de jubilación sin complicarte la vida. La fórmula consiste en elegir los fondos con fecha objetivo. En inglés se conocen como *target date retirement Funds*. Explicaré en detalle estos fondos, al igual que sus ventajas y desventajas. Por último, explicaré a qué personas les convienen y a quiénes les convendría elegir una segunda opción. La segunda opción que recomiendo son los fondos indexados. En inglés se conocen como *(Índex Funds)*.

¿QUE ES UN FONDO CON FECHA OBJETIVO?

Un fondo con fecha objetivo es simplemente la fecha en cuando una persona se jubilará. Por ejemplo: Al año de tu nacimiento le sumas los años para cuando piensas jubilarte y te dará el año del fondo apropiado. Observa el ejemplo uno en la siguiente página. Primeramente, este fondo con fecha objetivo está bien diversificado. Al paso de los años se va ajustando de inversión agresiva a inversión más conservadora o estable. Lo importante es elegir el fondo de acuerdo con la fecha de jubilación. El fondo será diferente para cada persona con base en su edad. En mi opinión invertir de esta forma es sencillo y los resultados son buenos. Unos años atrás los costos de administración eran altos, pero con el paso de los años han ido disminuyendo y para el año 2020 su promedio de costo es 0.60% de acuerdo con el sitio web Investopedia.com. En el año 2010 sus costos en promedio estaban en 1.02%, lo cual era alto. Entre más bajos sus costos de administración, se vuelven una mejor opción.

VENTAJAS

Son la fórmula más sencilla de invertir para la jubilación.

No tienes que hacer ningún cambio al fondo. Excelentes fondos para no expertos y que tampoco les interesa aprender.

Automáticamente se le da un rebalanceo con el paso de los años.

Ganancias o Retorno promedio alto.

Bajo riesgo en la inversión o en pérdidas.

DESVENTAJAS

No son la opción idónea para todos

Limitaciones en las opciones disponibles dentro de cada fondo

Algunos fondos son costosos (Si el costo es mayor de 0.60% es costoso) Preferible fondos de costo menos de 0.35%.

Podrías limitar tus ganancias. Por ejemplo, si al momento de jubilarte el fondo era el 2010 apenas la economía estaba recuperándose de la caída del 2008 y en ese caso no estabas ganando y probablemente perdiste dinero los años 2008 y 2009. Perdiste menos que otras personas porque ya tus fondos estaban más conservadores o estables, lo cual fue bueno.

Quiero que entiendas esto, el año cuando te vas a jubilar el fondo tiende a ser conservador o dicho de otra manera sería que el fondo está compuesto de bonos en su mayoría y no acciones. Los bonos son de baja ganancia y bajo riesgo y las acciones son fondos de alta ganancia y alto riesgo. La década entre los años 2010 al 2020 el promedio de retornó o ganancia anual fue de 13.6% gracias a las acciones de acuerdo con Global Investment bank Goldman Sachs. Fue un retorno altísimo. Eso significa que si te mantuviste en el fondo de jubilación 2010 y no hiciste un cambio a un fondo que tuviera más acciones, te perdiste una década de oro basado en los retornos. **Aviso:** Mi recomendación para evitar esta situación en el futuro, entre cinco a diez años antes de jubilarte ve y asesórate con un asesor financiero certificado para que analice tu portafolio de inversiones y sugiera las correcciones que te convengan mejor y así no dejes perder ganancias.

LOS FONDOS INDEXADOS

Los fondos indexados son un fondo mutuo o acciones indexadas y sectoriales ETF (Exchange traded funds) que buscan igualar el desempeño del indexado popular S&P 500. Algunos expertos los comparan a una estrategia de inversión pasiva. Una estrategia de inversión pasiva significa que los administradores de los fondos harán pocos cambios al fondo con el paso de los años y por lo tanto los costos de administración son muy bajos. Todo lo contrario, ocurre con los fondos con fecha objetivo. Los fondos con fecha objetivo son fondos en donde los administradores hacen cambios frecuentemente para ir ajustándose a la edad de las personas y por lo tanto sus costos de administración son más altos.

VENTAJAS

Fondos diversificados

Bajos impuestos en ganancias de capital

Muy bajo costo de administración

Altas ganancias o un alto retorno

DESVENTAJAS

Riesgo promedio – Los fondos indexados están compuestos de acciones en su mayoría. También incluyen un porcentaje menor de bonos. Su riesgo es considerado promedio. Su riesgo es casi igual al índice S&P 500.

Las ventajas son muchas con los fondos indexados. Algo que sí veo es que si una persona no sabe de inversiones y no desea aprender en esos casos los fondos con fecha objetivo serían una mejor opción. Se necesita saber un poco sobre inversiones en la bolsa de valores y conocer cómo funcionan los diferentes fondos indexados para así elegir excelentes fondos. Con los fondos con fecha objetivo simplemente eliges el fondo con base en tu fecha de jubilación y eso es todo. Si tu empleador ofrece algún taller de orientación para aprender las diferentes opciones en sus planes de jubilación, adelante. Aprovecha la oportunidad de asistir y hacer preguntas a los expertos que están impartiendo estas clases. Por lo general los empleadores invitan a un asesor financiero certificado para enseñar estas clases. En su libro *Inquebrantable* por Tony Robbins, dos inversionistas de renombre como lo son Warren Buffet y David Swensen mencionaron lo siguiente "en varias ocasiones que los fondos indexados son el mejor instrumento que el inversionista tiene a su disposición para alcanzar el éxito financiero". El inversionista David Swensen también menciona en el mismo libro que "Cuando observas los resultados después de comisiones e impuestos durante periodos de tiempo razonablemente largos, te das cuenta que es casi imposible que puedas superar al fondo indexado". En si el rendimiento del fondo indexado es muy parecido al rendimiento del índice bursátil S&P 500. El índice bursátil

S&P 500 son las 500 empresas más grandes de Estados Unidos que se cotizan en la bolsa de valores de Nueva York.

Otro dato importante que nos debe animar a invertir para la jubilación lo hallé en el libro *Everyday Millionaires* por Chris Hogan, los dos factores principales que contribuyeron a que personas comunes lograran ser millonarios son "Disciplina y ahorrar consistentemente". En otras palabras, el simple hecho de estar invirtiendo en la bolsa de valores a través de un plan de jubilación es la clave principal para aspirar a ser algún día un millonario. Esto hace que el fondo con fecha objetivo sea aún más atractivo. El fondo es sencillo, diversificado, de costo promedio y cualquier persona lo puede hacer. Por esta razón recomiendo el fondo con fecha objetivo como primera opción y los fondos indexados como la segunda opción. Si alguien conoce sobre inversiones solo en esos casos recomiendo los fondos indexados como la primera opción. En lo personal prefiero los fondos indexados como mi primera opción y los fondos con fecha objetivo como la segunda opción. Al final, lo más importante es estar invirtiendo en un plan de jubilación o retiro y la opción más sencilla y eficaz son los fondos con fecha objetivo. En mi opinión creo que las personas se vuelven más interesadas en invertir para su jubilación, si el método de inversión es más sencillo. De lo contrario, las personas no lo hacen. De nada sirve algo extremadamente bueno si al final las personas no lo hacen.

¿Por qué no lo hacen las personas? Por lo complicado o complejo de la inversión. En mi opinión lo sencillo funciona y lo complicado no. Para el año 2018 The Vanguard Group reporta en su reporte anual que el 52% de todos sus inversionistas ahorran para la jubilación a través de un fondo con fecha objetivo.

Y también, reporta en sus proyecciones futuras que el porcentaje seguirá aumentando considerablemente.

¿ELIJO FONDOS CON FECHA OBJETIVO O FONDOS INDEXADOS?

Los fondos con fecha objetivo los recomiendo como primera opción si los adquieres a través de tu empleo y no sabes mucho sobre inversiones. Los fondos indexados los recomiendo como primera opción si la inversión será hecha con un asesor financiero. Un asesor financiero podrá recomendar excelentes fondos indexados.

EL PRIMER PASO

El primer paso es empezar y no dejar de contribuir. ¡Sencillo! Esto no es complicado. Todos lo pueden hacer y nunca es tarde para empezar. En la siguiente página encontrarás tres ejemplos que puedes seguir de tal forma que puedes llegar a estimar cuál será el fondo apropiado para ti con base en tu edad. El chart de fondos simplemente son los fondos disponibles de los cuales podrás elegir el apropiado con base en tu edad. En el estudio hecho en el libro *Everyday Millionaires*, no dice si los entrevistados lograron su fortuna utilizando fondos con fecha objetivo o fondos indexados, lo que sí indica el estudio es simplemente que estas 10,000 personas utilizaron planes de jubilación 401(k). ¿Qué significa esto? Ahorrar para la jubilación es la clave más importante y no el fondo que llegues a elegir. Así que no te compliques la vida y empieza ahorrar lo más pronto posible. Entre más alto el porcentaje de ahorro, más disfrutarás de tu jubilación. Por último, no olvides los porcentajes de ahorro. Recomiendo a todos ahorrar un mínimo de 10% sin importar cuánto ganes. Si deseas ser millonario algún día o solo contar con lo suficiente para gozar de una jubilación digna, entonces toma acción y ahorra.

CHART DE FONDOS CON FECHA OBJETIVO Y ¿CÓMO ELEGIR EL APROPIADO PARA TI?

Fondo con fecha objetivo 2025 2025 Retirement Fund

Fondo con fecha objetivo 2030 2030 Retirement Fund

Fondo con fecha objetivo 2035 2035 Retirement Fund

Fondo con fecha objetivo 2040 2040 Retirement Fund

Fondo con fecha objetivo 2045 2045 Retirement Fund

Fondo con fecha objetivo 2050 2050 Retirement Fund

Fondo con fecha objetivo 2055 2055 Retirement Fund

Fondo con fecha objetivo 2060 2060 Retirement Fund

EJEMPLO 1 DE PERSONA DE NOMBRE JOSÉ

Fecha de nacimiento	1/1/1980
Edad que deseas jubilarte	65 años
Suma 65 años a tu fecha de nacimiento	1980 + 65 años = 2045
Tu fondo con fecha objetivo será	Fondo con fecha objetivo 2045
En ingles será	2045 Retirement Fund

EJEMPLO 2

TU NOMBRE _____

Fecha de nacimiento

Edad que deseas jubilarte

Suma 65 años a tu fecha de nacimiento

Tu fondo con fecha objetivo será

En ingles será

EJEMPLO 3

NOMBRE DE TU PAREJA

_____

Fecha de nacimiento

Edad que deseas jubilarte

Suma 65 años a tu fecha de nacimiento

Tu fondo con fecha objetivo será

En ingles será

CAPÍTULO 13

FONDO EDUCATIVO

La mejor inversión que existe para los hijos es darles una educación de calidad. Desde que mi niña la mayor tenía solo ocho meses de edad, cuenta con un Fondo Educativo 529. Es un honor para mí como padre de familia poder ofrecerles este instrumento a mis hijos para poder pagar su educación superior de colegio o universidad. Tengo dos hijos pequeños y para mí es una prioridad darles una carrera de colegio o universidad. Al final ellos decidirán, pero tendré la tranquilidad que su decisión final no será por falta de dinero. Mi esposa y yo, hemos podido hacerlo haciendo sacrificios en algunas áreas de menor importancia y claro manejando sabiamente nuestras finanzas. Creo firmemente que todo padre de familia debería tomar ventaja de estos planes disponibles para pagar la educación de colegio o universidad conocidos como Plan Educativo 529 (en inglés se conocen como *529 plans*). Ahora para el presente año que estoy escribiendo este libro el año 2021 existen en el estado de Oregón dos años gratuitos de colegio comunitario para todos. Como todos los programas gratuitos que ofrece el gobierno en el estado de Oregón, existen requerimientos para ser elegibles. Dependiendo de dónde vives cada estado ofrece diferentes programas. Infórmate bien podrían existir similares programas gratuitos de colegio que tus hijos pueden aprovechar.

Ahora, si tus hijos gracias a sus buenas calificaciones obtienen becas que les pagan completamente sus estudios, que mejor. Como padres no hay que confiarnos en que nuestros hijos obtengan becas. Debemos ser padres proactivos y buscar las mejores opciones para que nuestros hijos tengan una educación de calidad y logren su máximo potencial.

La mayoría de los hijos que asisten al colegio o universidad lo hacen a través de un préstamo del gobierno. Que orgullo es que nuestros hijos vayan al colegio o universidad. Aquellos hijos que a través de muchos desvelos y disciplina diaria logran terminar su carrera, no solo merecen un reconocimiento, pero por otro lado se gradúan con una enorme deuda bajo sus hombros. Son pocos los estudiantes que terminan sus estudios libres de deudas. Como mencioné anteriormente hay que ser padres proactivos. Es nuestra responsabilidad encaminarlos a empezar y terminar su educación superior. Al momento de elegir la carrera que desean estudiar debemos participar en su decisión. Las mejores carreras son aquellas que tienen una alta demanda en el mercado laboral. No ayudamos a nuestros hijos cuando los dejamos elegir solos. Ellos deben analizar los pros y contras de la profesión de desean estudiar. Hay carreras que los hijos pueden estudiar, pero en donde no existe demanda en el mercado laboral o son muy mal pagadas. Ayudemos a nuestros hijos a elegir bien. Claro, la decisión final sigue siendo de ellos.

El plan educativo 529 lo puedes obtener a través de un Asesor Financiero Certificado. Algunos bancos locales o nacionales ofrecen estos planes educativos. Las Cooperativas de Crédito conocidas como Credit Unions también los ofrecen. Al pagar la cuota mensual del plan 529, asegúrate que sea a través de pago automático de una cuenta de cheques o ahorros. Las decisiones importantes como la educación, las finanzas entre otras no se pueden delegar. La mejor inversión que podemos hacer los padres es en la educación de nuestros hijos siempre y cuando ya estemos invirtiendo en nuestra propia jubilación. Nuestro retiro es prioridad número uno. El valor agregado que se obtiene con un título universitario abrirá muchas puertas. Obviamente, en general el ingreso será mayor con un título que sin él. Adquirir una educación superior le permitirá poder darle a su futura familia una mejor calidad de vida. Ahora bien, ellos harán un sacrificio al tener que disciplinarse por varios años, pero al final habrá valido la pena. ¿Imagínate ver caminar el día de su graduación a tus hijos recogiendo su título? ¡Que emoción! Si eres padre de familia, apoya a tus hijos a alcanzar su máximo potencial. El mundo está esperando con ansias sus talentos. Ellos son únicos y no existe otro igual. Inspira a tus hijos a que vayan por todo y a nunca pedir disculpas por ser exitosos. En este mundo cada persona elige su propio camino y no vivimos de las opiniones de la gente.

LA REALIDAD

De acuerdo con datos del Censo de los Estados Unidos (Census.gov), para el año 2019 solo el 18.8% de todos los latinos de edades 25 o mayor cuentan con un título universitario de cuatro años. Aunque este número ha mejorado con el paso de los años aún nos falta mucho por hacer. Ahora veamos cómo estamos en comparación con otras razas en educación de colegio o universidad con licenciatura de cuatro años. El 40.1% de los anglosajones, 26.1% de los afroamericanos y 58.1% de los asiáticos cuentan con título de licenciatura de cuatro años para el año 2019. Como puedes ver somos los últimos comparado a otras razas con título de licenciatura. Este dato nos debe inspirar en vez de desanimar a que apoyemos a nuestros hijos a continuar con sus estudios superiores.

% con Carrera de 4 Años/Licenciatura por raza

	Año 2010	Año 2019
Latinos	~14%	~19%
Afroamericanos	~20%	~26%
Anglosajones	~33%	~41%
Asiáticos	~53%	~58%

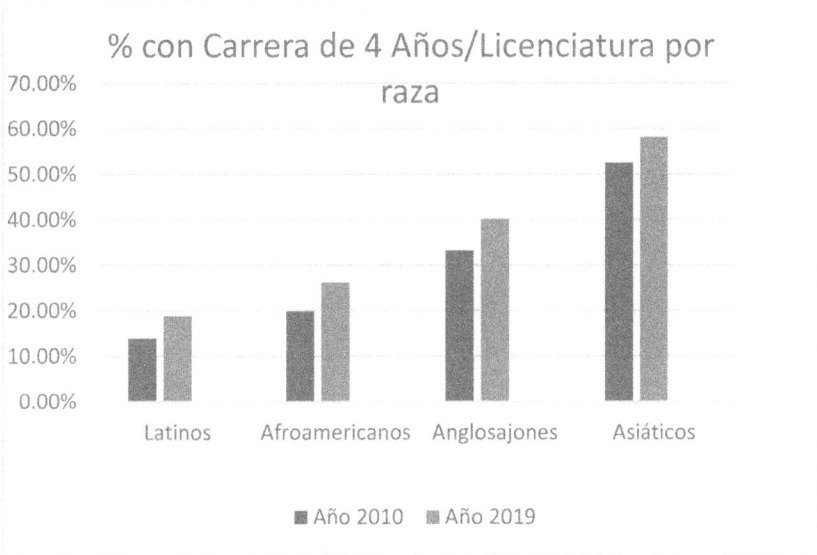

¿QUÉ PODEMOS HACER LOS PADRES?

Los maestros juegan un papel importante en la vida de los estudiantes, pero la mayor influencia recae en los padres. Algo que podemos hacer para ayudar a nuestros hijos en sus estudios de K-12 o del prekínder hasta preparatoria es participar activamente. Podemos asistir continuamente a sus conferencias y apoyarlos con sus tareas. Los estudiantes que se involucran en actividades escolares tienden a ir más lejos en sus estudios superiores. Por ejemplo: los estudiantes pueden ser parte de un equipo de la escuela como futbol soccer o incluso ser parte de la banda de música.

Existen un sin número de actividades escolares que nuestros hijos pueden participar activamente. Lo importante es motivarlos a que se involucren y apoyarlos en lo que ellos decidan participar.

CAPÍTULO 14

PAGAR LA CASA

El sueño americano significa algo diferente para cada persona. Para algunos es el simple hecho de llegar a vivir en los Estados Unidos. Para otros ocurre al momento de comprar su primera casa. Ambos logros son el sueño americano. Muchas familias a través de los años han hecho la travesía desde su lugar de origen y parten hacia los Estados Unidos para un mejor futuro. Mi familia incluida. Es impresionante e inspirador leer algunas historias de nuestros hermanos inmigrantes. En su libro *¿A Qué Venimos? ¡A Triunfar!*, Eddie "Piolin" Sotelo, narra la historia de cómo el llego a los Estados Unidos en la cajuela de un automóvil en donde a duras penas podía respirar. En sus palabras él dice "Los que íbamos en la cajuela estábamos demasiado apretados y sudando, a pesar de que teníamos frio. Recuerdo que tenía los pies de uno de ellos directamente pegados en mi cara". ¡Guau, qué historia! ¿Cuál es la tuya? Ahora Eddie "Piolin" Sotelo, es un reconocido locutor de radio y televisión en muchas partes del mundo. Eddie "Piolin" Sotelo logró su sueño americano de vivir en los Estados Unidos y a la vez logró el éxito económico. Existen un sinfín de historias como la de Piolin y me quito el sombrero para reconocer los esfuerzos de muchos hermanos inmigrantes.

Yo soy inmigrante. El deseo y determinación de mi madre fueron más fuertes que los obstáculos para llegar a este bello país. Yo tenía diez años cuando llegué a los Estados Unidos y ahora radico en Oregón. Estados Unidos es conocido como el país de la libertad y las oportunidades. Tengo un profundo agradecimiento a mi país natal México y a mi país adoptivo Estados Unidos. Ambos son parte de mi vida. Reconozco que el éxito que puede lograr una persona en los Estados Unidos es ilimitado. El país en sí no te puede dar el Éxito, tú lo tienes que buscar y disciplinarte para lograrlo. Las oportunidades son ilimitadas. Aquellos que están dispuestos a trabajar arduamente pueden llegar a realizar sus más altos anhelos.

Si has vivido en Estados Unidos por varios años quiero pensar que uno de tus anhelos sería poder comprar tu primera casa. Si todavía no has dado el salto a ser dueño de tu propia casa, te animo a que lo hagas. El sentimiento que sentirás al ser dueño de tu propia casa es algo que debes experimentar. La emoción es similar a cuando una persona logra su estatus legal como residente permanente y por primera vez en sus manos tiene la deseada tarjeta verde estadounidense. Es un logro monumental. Te estarás preguntando, ¿Qué se necesita para comprar una casa? Por lo general se necesita un ingreso estable de por lo menos dos años, las w2 de los últimos dos años, un bueno o promedio historial crediticio, un saldo de deudas bajo, entre otros requisitos. Busca un buen agente de bienes y raíces en tu comunidad que te pueda ayudar hacer el proceso de comprar tu primera casa una realidad. Si ya eres dueño de tu propia casa "felicidades". ¡Has logrado el sueño americano!

Ahora, te quiero animar a pagar tu casa en 15 años o menos y preferible antes de jubilarte. La jubilación debe ser una etapa de nuestra vida que debemos disfrutar al máximo. Por lo general los ingresos de las personas jubiladas son menores que cuando trabajaban activamente y por lo tanto tiene mucho sentido el poder pagar el préstamo hipotecario antes de jubilarnos. ¿Imagínate, como será el día en que envíes el último pago de tu préstamo de casa? ¡Qué emoción! En mi caso personal en pocos años estaré pagando el préstamo de mi casa. Solo en pensarlo me emociona. Quiero lo mismo para ti y tu familia. Al momento que pagues en su totalidad el préstamo de tu casa, estarás liberando entre 25 a 40% del gasto mensual. Estamos hablando en otras palabras que podrías ahorrar entre $1,000 a $4,000 dólares mensuales al no tener préstamo de casa. Claro, todo depende de cuánto es tu pago mensual. Estamos hablando de mucho dinero, que se puede utilizar para otros gastos de vida. Por esta y otras razones recomiendo pagar la casa antes de la fecha de jubilación o en un periodo de 15 años o menos. Imagínate, ¿Qué harías con un extra $1,000 a $4,000 dólares? Podrías irte de viaje y disfrutar de algún lugar maravilloso, ir a un concierto de tu artista favorito, visitar a familiares lejanos, volar en primera clase, entre otras cosas. Existe un sinnúmero de cosas que puedes realizar con el dinero extra. No sé tú, pero a mi esposa y a mí nos encanta viajar. Este año 2020 por la pandemia del coronavirus estamos en casita sin poder viajar. El coronavirus nos cortó las alas. Es frustrante no poder hacerlo, pero la salud es prioridad número uno. Ya habrá tiempo después para disfrutar al máximo lo que nos hemos perdido.

Por todo el mundo existen lugares espectaculares que deberías conocer. Ahora, ¿imagínate? Las comidas auténticas en los diferentes rincones de nuestro planeta que podrías saborear. ¡Ya me dio el apetito! Podrías incluso ayudar a tus padres o algún ser querido. ¿Qué organización sin fines de lucro te gustaría ayudar si el dinero no fuera problema? Existen un sin fin de organizaciones que necesitan ayuda. ¿Sabías, que ayudar al prójimo genera una sensación que no te puedes perder? En lo personal, anualmente ayudamos a diferentes organizaciones sin fines de lucro y a nuestra iglesia a la cual asistimos los domingos. ¿Qué diferencia te gustaría hacer en este mundo antes de partir? Siempre habrá necesidad en este mundo. Lo que se necesita son más personas con dinero y con un corazón compasivo. Por más sencillo que sea la contribución, Dios ve las intenciones del corazón y solo a él deberíamos impresionar con nuestra generosidad.

Regresando al tema de pagar la casa antes de la fecha de jubilación. Si aún sigues pagando la casa después de haberte retirado, no te preocupes. Sigue enfocado haciendo tus pagos sin falta cada mes. Esta vida demanda no solo proveer para nuestros seres queridos, sino también ayudar a los más necesitados. El no contar con pago de casa genera más oportunidades en donde podemos ser aún más generosos.

Es una realidad que la pensión del seguro social es insuficiente para vivir. Por lo tanto, no hay que depender solo de ella en nuestro retiro. Podrías estar ahorrando aún más para la jubilación al no tener un pago de hipoteca. Al momento que pagues tu casa, envíame un correo electrónico a Joaquin@VictoriaFinanciera.com o un mensaje a través de Facebook en Facebook.com/MiVictoriaFinanciera. ¡Quiero celebrar contigo! También me puedes encontrar en Twitter en @JoaquinBReyes.

Pagar la casa es un logro que abrirá la puerta a muchas oportunidades y que mejor aprovechar lo antes posible esas oportunidades. Recuerda, la propiedad tiende a hacer el activo de mayor valor que una persona logra en su vida. Con esto en mente atrévete y paga tu casa en 15 años o menos. La paz que sentirás al momento de dar el último pago es algo que debes experimentar. En su libro *Transforma tus finanzas en 30 días*, el experto financiero Andrés Gutiérrez dice "Aunque compres la casa con una hipoteca, a largo plazo es sabio porque con el tiempo la terminas de pagar y puedes tomar lo que sería el pago de la casa e invertir más para tu futuro o la educación de tus hijos y tener más diversión. Lo mejor es que si tienes tu casa pagada estarás en mejor posición para jubilarte cuando sea el momento, ya que no tendrás que preocuparte por ese pago". Estoy complemente de acuerdo. Comprar casa es sabio. Rentar toda la vida no lo es. Siempre y cuando tengamos los ingresos suficientes, contemos con un fondo de emergencia bien abastecido y claro ninguna otra deuda de alto balance. Una decisión importante antes de comprar será elegir un agente de bienes y raíces competente que no solo tenga la experiencia, pero más importante debe ser alguien honesto y transparente contigo en todo el proceso. Desde el inicio de búsqueda hasta el final, cuando te entreguen las llaves de tu primera casa.

CAPÍTULO 15

¿CÓMO DEJAR UN BUEN LEGADO?

Dejar un buen legado no es una tarea fácil. Hay diferentes aspectos que hay que considerar. Para unos dejar un buen legado es solo dejar un beneficio económico. Dejar un buen legado es más que eso. En mi opinión dejar mucho dinero a la familia, sin antes haber hecho la tarea difícil de educar a nuestros herederos a ser buenos administradores es un error. Los que dejan solo dinero a sus hijos en la mayoría de los casos, los conducen al fracaso y en vez de ser el dinero una bendición a sus vidas se convierte en una maldición. ¿De qué sirve dejar dinero a nuestros hijos, sino saben administrarlo? ¿Te has puesto a pensar el daño que podrías hacerles?

Hay cualidades y habilidades que nuestros hijos deben desarrollar antes de heredar cualquier dinero. Mientras nosotros como padres de familia crecemos el patrimonio familiar, los hijos deben crecer en educación financiera. Por ejemplo: Debemos enfocarnos en desarrollar su carácter y habilidades. Lo que menos queremos es perjudicarlos. Ellos tienen una larga vida por vivir. El carácter, la paciencia, la disciplina, la educación financiera, la honestidad, la buena actitud, la humildad y el respeto son algunas cualidades que debemos desarrollar en ellos. Unas preguntas que podrías hacerte y analizar cuidadosamente para saber cómo están ellos en estas cualidades. ¿Si, hoy muriera, mis hijos serían buenos administradores con el dinero? ¿cómo están mis hijos en su carácter, educación financiera, honestidad, etc.? Y la pregunta del millón. Si hoy les dejo dinero o bienes a mis hijos, ¿los beneficia o daña al provocar en ellos un cambio negativo? Firmemente creo que el dinero cambia a las personas que carecen de buen carácter y educación financiera.

Seremos exitosos si hacemos bien la tarea de educar y desarrollar sus habilidades al máximo. Así ellos podrán administrar lo poquito o mucho que dejemos con sabiduría. Es nuestra responsabilidad como padres dejarles un buen legado. Todos queremos que les vaya bien en la vida. Si queremos hijos exitosos, la vida nos demanda a ser proactivos y no reactivos. Solo vivimos una sola vez, así que hagamos bien las cosas. Me da tristeza observar a buenos padres que trabajaron arduamente toda su vida para poder crear un patrimonio y al morir, sus hijos en pocos años derrochan todo el dinero o bienes que a ellos les tocó toda una vida crear. En mi opinión una situación así, la veo como un fracaso. Lo voy a mencionar una vez más por su importancia. Sin importar lo que dejemos a nuestros seres queridos, el beneficio económico debe ser una bendición y no una maldición.

EL CONTENTAMIENTO

Existe otro componente que me gusta mucho que lo denomino el contentamiento. El contentamiento significa estar contento y agradecido con lo que tenemos. En su libro *¿Cómo llego a fin de mes?* Andrés Panasiuk, describe el contentamiento de esta manera "Cada uno de nosotros debemos aprender a estar contentos y a disfrutar de la vida sin importar el lugar en el que estemos colocados en la escala social de nuestro país". Estoy completamente de acuerdo con el señor Panasiuk. Ahora bien, esto no significa dejar de mejorar, sino estar contento en cada etapa de nuestra vida. Es simple, el contentamiento requiere que seamos personas felices en todo momento. Tener contentamiento no es ser una persona conformista si no todo lo contrario, es contar con paz interna al mismo tiempo que seguimos avanzando. Ahora, también existe una ambición enfermiza la cual debes evitar porque no te hará feliz. Es fácil darse cuenta si una persona tiene una ambición enfermiza porque se refleja en sus acciones con el dinero. A este tipo de personas no les importa hacer negocios ilegales para obtener su propósito porque su enfoque principal es el dinero y no sus seres queridos o amistades. Si este tipo de personas llega a tu vida, aléjate de ellas.

Hace unos años atrás un conocido me contactó y pidió reunirse conmigo, su nombre quedará en el anonimato. Esta persona me dijo que le habían recomendado reunirse conmigo por mi conocimiento sobre las inversiones. La cita llegó, me reuní con él y por la siguiente hora habló sin parar. Por ser respetuoso escuché tranquilamente pero después de los minutos de escucharlo hablar me di cuenta que no buscaba algún consejo financiero o recomendación alguna. Lo que él buscaba era una presa fácil para así el lograr su objetivo. Al final de la conversación me propuso grandes ganancias si invertía mi dinero con él, como te podrás imaginar no le entré al negocio. Le dije algo así "Gracias por la propuesta, pero no estoy interesado". Al instante observé que su actitud cambio, se volvió más cortante y quiso terminar la plática lo antes posible. Lo más sorprendente de toda la reunión, fueron las siguientes palabras que le escuché decir y quiero enfatizar que son exactamente como él las mencionó, dijo lo siguiente, "A mí me encanta el dinero". Al escucharlo decir esas palabras pensé, "Esta persona tiene una ambición enfermiza y no tiene límites". Después reflexioné sobre la plática que sostuve con él y me propuse jamás hacer negocios con personas como él o con actitudes similares y lo mismo te recomiendo a ti, sé sabio al elegir con quién te asocias porque tu trasparencia, honestidad, humildad e integridad serán también un legado que dejarás a tus hijos. El mantra para seguir en mi humilde camino es y será siempre, "Primero Dios, después las personas y por último el dinero". Jamás al revés.

¿QUÉ LEGADO TE GUSTARÍA DEJAR?

Es de suma importancia crecer como padres y a la misma vez ayudar a crecer a nuestros hijos en madurez intelectual. Cuando hacemos bien el trabajo educando a los hijos, lo poco que les dejemos les durará toda la vida y en algunos casos irá a los hijos de sus hijos. Irá de generación en generación. Para cerrar el tema de nada sirve dejar a nuestros hijos fuertes económicamente y débiles en carácter. Si eres una pareja, el concepto de crecer aplica a tu cónyuge. Ayuda a crecer a tu cónyuge, para que después de tu partida ella o el sepan sabiamente administrar lo que ambos crearon en vida.

Existen tres principales herramientas que puedes utilizar para proteger a tus seres queridos en caso de que fallezcas; seguro de vida, el testamento y fideicomiso. En el capítulo ocho explicó sobre lo importante de un seguro de vida. En este capítulo me enfocare en hablar de las restantes herramientas que son; el testamento y fideicomiso. Un testamento es un papel legal que las personas utilizan para hacer saber sus últimos deseos sobre su dinero o bienes.

El fideicomiso es de igual importancia y se utiliza comúnmente cuando existen muchos bienes o dinero que hay que dejar. Ambas herramientas no son tan utilizadas por nuestra comunidad latina. Esto debe cambiar. Los anglosajones utilizan mucho estas dos herramientas. Ahora bien, si funcionan para ellos, también lo harán para nosotros. Infórmate bien sobre los beneficios que ofrecen cada una de estas valiosas herramientas y busca un profesional certificado en tu localidad. Algunas de las empresas de inversiones que recomendé en la estrategia de ahorrar para la jubilación ofrecen estos productos. Empieza por preguntar en tu banco local o cooperativa de crédito. Si ellos no ofrecen los productos, les puedes preguntar por alguna referencia en dónde puedes acudir para adquirirlos.

Como mencioné anteriormente estas dos herramientas no son tan utilizadas por nuestra gente. Esto debe cambiar con el paso de los años. Antes en nuestros países de América latina no pensábamos en ahorrar para la jubilación y hoy en día ya lo hacemos. Igual ocurrirá con utilizar un testamento y fideicomiso en nuestra planeación de vida. Simplemente es algo nuevo en nuestra comunidad, pero, con el paso de los años será cada vez más común. Dejar un buen legado, es dejar un buen ejemplo no solo en hábitos financieros sino en un buen carácter.

¿Cómo te gustaría que te recuerden los hijos de tus hijos? Allí está la clave, pensemos de esa forma. En realidad, esta vida no es solo lo que nos ocurre. No somos una isla. Dejar un buen legado le da significado y propósito a nuestra vida. No debemos ser el centro de la atención. Nuestro legado seguirá vivo por muchos años y pasará de generación en generación.

Esto solo puede ocurrir si somos intencionales en la educación financiera y el ejemplo que vivimos cada día. Imagínate, tú serás el pionero que lo empezó todo en tu generación. Nadie lo puede hacer por ti. Así que empieza temprano a modelar buena conducta con el dinero. Los hijos no escuchan lo que tengas que decir, más bien siguen el ejemplo que les demuestras cada día. Así que no hay que vivir por solo vivir. Hay que vivir con propósito. Hagamos que nuestros ejemplos valgan la pena recordar hoy, mañana y siempre.

La ex gobernadora de Arizona Jan Brewer de la cual no soy un fan por su política antinmigrante, pero ella tiene una frase que me gusta y dice así "Mi madre siempre me dijo que a medida que avanzas en la vida, no importa lo que hagas o como lo hagas, dejarás una pequeña huella, y ese es tu legado". Estoy de acuerdo. Todos vamos a dejar una huella. Todos dejaremos un testimonio. La pregunta no es si lo vamos a dejar o no, más bien qué tipo de huella o testimonio dejaremos. Espero que optes por dejar un legado lleno de valores, buenos principios, educación financiera y por qué no, atrévete a dejar un legado económico.

Unos años atrás cuando visitaba a mi padre en la ciudad de Tijuana, México escuché algo que nunca se me olvidará. Íbamos caminando por el centro, ya no recuerdo el tema de conversación cuando de repente mi padre se dio la vuelta y me dijo "Mijo nosotros nacimos pobres y pobres nos vamos a morir". Yo me quedé incrédulo a las palabras que escuché decirle y no sabía qué contestarle. Simplemente le respondí, "Padre, yo no comparto su opinión". Y callé por un momento. Me quedé pensando... "Por qué mi padre ve la vida de esa forma", y entre más lo analizaba más triste me sentía. Me sentí triste porque entiendo que es imposible prosperar con una mentalidad así. Es una posibilidad latente que a veces las personas que más queremos en la vida, no nos apoyarán sino todo lo contrario, sin mala intención podrían interferir en nuestro deseo de salir adelante. Es una verdad que tenemos que aceptar, pero al final la última decisión siempre la tendremos nosotros. Para mí dejar un buen legado a mis hijos es prioridad y nada ni nadie lo cambiará.

CAPÍTULO 16

GENEROSIDAD

Hay un viejo dicho que dice "es mejor dar que recibir". Estoy de acuerdo, al dar automáticamente empiezas a recibir, y no precisamente te regresan lo que diste, si no a ti te dan lo que necesitas. Quiero enfocarme en un tipo de generosidad; el diezmo que con amor damos a Dios. Este libro no es de espiritualidad, pero mi relación con Dios es lo más importante para mi vida. Lo que le da valor y significado a mi vida en los momentos de soledad es el entender que Dios siempre tiene el control. Quiero dejar bien claro algo que creo firmemente, todo lo que somos y tenemos es de Dios. Solo somos administradores de lo poco o mucho que poseemos.

Regresando al tema de la espiritualidad. En nuestro hogar apoyar a nuestra iglesia cada mes es algo que hacemos con alegría. Si no compartes mi fe, no hay problema, existen muchas organizaciones sin fines de lucro a las cuales puedes ayudar. Cada uno da de acuerdo con lo que Dios pone en su corazón. El mensaje de este capítulo es dar algo para el bienestar de los más necesitados y olvidados de nuestra sociedad. El ser generoso nos hace más humanos. Nuestra vida nos demanda buscar un equilibrio sano. Una señal de madurez y buen carácter es nuestra generosidad. La autora y asesora financiera Suze Orman tiene una frase que me gusta mucho que dice "La verdadera generosidad es una ofrenda; dado libremente y por puro amor. Sin ataduras. Sin expectativas". Está claro como el agua. Debemos dar libremente y sin esperar nada a cambio. Creo que es un fracaso total acumular dinero o bienes, sin ser generosos. Al final de nuestra vida todos partiremos... y las preguntas surgen ¿Cómo seremos recordados? ¿Qué testimonio dejaremos? ¿Cómo nos recordará la familia, los amigos y la sociedad? ¡analízalo!

Por ahora, disfruta la vida, busca ser exitoso y no te olvides de los más necesitados. Este es mi primer libro, pero no será el último. No olvides seguirme en redes sociales. Allí estoy cada día compartiendo consejos financieros y allí anuncio por primera vez todos mis nuevos proyectos. Apenas estoy empezando y tengo mucho por compartir. Atrévete a soñar en grande y nunca pidas disculpas por ser exitoso. Recibirás críticas sin fundamento entre más avances en tus proyectos. ¡No te preocupes! Los críticos no tienen las agallas para ir tras sus sueños. Déjalos que sigan haciendo ruido, tú sigue adelante con tus planes. Las palabras de otros solo tienen efecto negativo en nosotros si lo permitimos. Como dice mi amigo Alberto Morales autor del libro *El éxito a la vuelta de la esquina*, "Cuando la gente hable mal de ti, vive de tal manera que nadie les crea". Muy buen consejo. En lo personal me esfuerzo por seguir tan sabio consejo.

Si en algún momento sientes ansiedad al compartir con otros tu éxito, es señal que debes seguir creciendo como persona. Cuando una persona es grande en carácter y sabiduría, los problemas se ven chicos. Todo lo contrario, ocurre si una persona es pequeña en carácter, ve los problemas grandes. Mi recomendación es nunca dejes de crecer y esfuérzate por dar siempre el mejor ejemplo en todo lo que hagas. Las personas siempre están observando, empezando con nuestros hijos y seres queridos así que siempre regala un buen ejemplo a los demás. En su libro *¡Pa'rriba y Pa'lante!,* la presentadora de televisión Cristina Saralegui habla sobre la generosidad. Ella dijo "La generosidad es la clave para una carrera larga. Toda la gente que he ayudado en mi carrera, que he puesto en posiciones importantes, todos siguen volviendo. Es parte del karma, todo lo que echas al universo, vuelve, tanto lo bueno como lo malo". Siempre he pensado que lo que hagamos debemos hacerlo porque es lo correcto hacer y sin esperar nada a cambio. En lo personal la única persona a la cual me interesa impresionar es a Dios. Me esfuerzo por tener su nombre presente en mis decisiones y me hago esta pregunta frecuentemente. ¿Qué pensara Dios de la decisión que estoy a punto de tomar? Esta pregunta guía mis decisiones. El autor Héctor Salcedo en su libro *Finanzas*

Bíblicas dice "Un corazón ingrato y materialista es mostrado cuando una persona compra, de manera habitual, cosas que no necesita. La falta de generosidad hacia los demás es una muestra del egoísmo en el corazón de una persona. Es por eso que decidimos que el manejo que alguien hace de sus posesiones es una clara indicación del estado de su corazón". Estoy completamente de acuerdo. Las decisiones no solo sobre las finanzas sino de todos los temas se originan en el corazón. ¡Cuidémoslo!

Si sigues al pie de la letra las diferentes estrategias que aquí comparto, tengo la seguridad de que estas enseñanzas serán de bendición a tu vida. En su libro *Menos Miedos, Mas Riquezas*, Juan Diego Gómez Gómez dice "El ejemplo lo es todo". Con esto en mente, te quiero decir que todas las estrategias que aquí comparto no son solo teoría, cada una las aplico a mi vida diaria. Soy el producto de los fundamentos y las estrategias. Vivirlas ha sido de gran bendición para un servidor y estoy seguro de que lo serán igual para tu vida.

Me gustaría cerrar el capítulo y el libro con lo siguiente: Rick Warren en su libro *Una vida con propósito* nos dice "Para hacer buen uso de tu vida nunca debes olvidar dos verdades: Primero, la vida, comparada con la eternidad, es extremadamente breve. Segundo, la tierra es tan solo una residencia temporal. No estarás aquí por mucho tiempo, así que no te apegues demasiado. Pídele a Dios que te ayude a ver la vida en la tierra a través de sus ojos". Estoy de acuerdo con el señor Warren. Si ves la vida a través de sus ojos, no me queda duda que eres una persona de buen corazón y una persona de buen corazón comparte con los necesitados, sus bendiciones. Somos solo administradores de todo lo que poseemos. Nada es nuestro, todo es de Dios. Nada trajimos y nada nos vamos a llevar.

ACERCA DEL AUTOR

Joaquín Reyes Barragán fundó Victoria Financiera LLC en el 2014 y su principal tarea es proveer educación y empoderamiento financiero a nuestra comunidad latina. Es autor del audio curso titulado *Curso Básico de Finanzas*, y organizador de una conferencia anual sobre finanzas personales entre otros temas, la cual se lleva a cabo en Salem, Oregón. Él esta felizmente casado, tiene tres hijos y radican en Salem, Oregón.

Sigue a Joaquín Reyes Barragán en Facebook: Facebook.com/MiVictoriaFinanciera y Twitter: @JoaquinBReyes

No olvides visitar su sitio web y suscribirte a su newsletter mensual. También encontraras herramientas que puedes descargar gratuitamente.

www.VictoriaFinanciera.com

NOTAS

1. Businessinsider.mx/9-frases-inspiradoras-de-Michael-Jordan-que-te-motivaran-para-cualquier-desafio/
2. AndanteNocturnomyblog.wordpress.com/2010/04/27/las-frases-de-ana-guevara/
3. Warren Buffet. Libro The Snowball.
4. Warren Buffet. www.cnbc.com/2018/03/27/warren-buffetts-key-tip-for-sucess-read-500-pages-a-day.html
5. Frase de John C. Maxwell, Libro **need book**
6. Frase de Charlie "Tremendous" Jones. Libro Life is Tremendous
7. Diegorepetto.com/la-importancia-de-asistir-a-eventos-en-vivo/
8. Frase de Brian Tracy. Libro Eat That Frog (libro en inglés).
9. Cnbc.com/2017/08/25/heres-why-lottery-winners-go-broke-html
10. Frase de Mary Kay Ash. Libro Ocurren los milagros
11. Stanford Marshmallow Experiment. https://en.m.wikipedia.org/wiki/standford_marshmallow_experiment
12. Frase de Suze Orman. Libro 9 steps to financial freedom (libro en inglés).

13. Estudio sobre divorcios. Marriage.com/advice/divorce/10-most-common-reasons-for-divorce/

14. Frase de Dr. Emerson Eggerichs. Libro Amor y Respeto

15. ¿Qué es la sabiduría? Aboutespanol.com/que-es-la-sabiduria-2396447

16. ¿Qué es una meta? La Real Academia Española

17. Frase de Juan Diego Gómez Gómez. Libro Habito de Ricos, pagina 111.

18. Frase de Andrés Gutiérrez. Libro Transforma tus finanzas en 30 días.

19. Frase de Andrés Panasiuk. Libro Una prueba como ninguna.

20. Insuranceandestates.com/life-insurance-statistics/

21. Frase de Andrés Panasiuk. Libro ¿Cómo llego a fin de mes?, pagina 142.

22. Audio Curso de Joaquin Reyes Barragán. Curso titulado Curso Básico de Finanzas.

23. Forbes.com/sites/shaharziv/2020/06/13/banks-reaped-11-billion-in-overdraft-fees-heres-why-it-matters/

24. Fool.com/retirement/2019/01/18/74-of-americans-have-a-budget-and-you-should-too.aspx

25. Formulario de Presupuesto. Descargalo en VictoriaFinanciera.com/Gratis

26. Frase de John C. Maxwell

27. Frase de Andrés Panasiuk
28. Plan la bola de nieve por Dave Ramsey. Libro La transformación total de su dinero
29. Frase de Anthony Robbins
30. Frase de Earl Nightingale. Libro El secreto mas raro (The strangest secret por sus siglas en ingles)
31. Estudio sobre millonarios por Chris Hogan. Libro Everyday Millionaires (por sus siglas en ingles).
32. El interés compuesto. Bbva.com/es/guía-de-finanzas-para-no-financieros-interes-compuesto/
33. Frase de Albert Einstein y Warren Buffet.
34. Estudio sobre millonarios por Chris Hogan. Libro Everyday Millionaires (por sus siglas en ingles).
35. Statista.com/statistics/183648/average-size-of-households-in-the-us
36. Frase de Anthony Robbins. Libro Inquebrantable, pagina 23.
37. Frase de Anthony Robbins. Libro Inquebrantable, pagina 88.
38. Costos de administración de fondos. Investopedia.com/retirement/targetdate-fund-best-choice/
39. 2010 a 2020 promedio de retorno de Bolsa de Valores. Businessinsider.com/personal-finance-average-stock-market-return
40. Fondos indexados. Investor.vanguard.com/index-funds/what-is-an-index-fund

41. Pressroom.vanguard.com/nonindexed/research-how-america-saves-2019-report.pdf
42. Census.gov/newsroom/press-releases/2020/educational-attainment.html
43. Frase de Edie "Piolin" Sotelo. Libro ¿A Que Venimos? ¡A Triunfar!
44. Frase de Andrés Gutiérrez. Libro Transforma tus finanzas en 30 días. Página 131.
45. ¿Qué es el Contentamiento? Frase de Andrés Panasiuk. Libro ¿Cómo llego a fin de mes?
46. Frase de Jan Brewer
47. Frase de Juan Diego Gómez Gómez. Libro Menos miedos, mas riquezas.
48. Frase de Suze Orman.
49. Frase de Cristina Saralegui. Libro ¡Pa'rriba y Pa'lante!
50. Frase de Alberto Morales. Libro El éxito a la vuelta de la esquina.
51. Frase de Héctor Salcedo. Libro Finanzas Bíblicas. Página 15
52. Frase de Rick Warren. Libro Una vida con propósito. Página 48

HERRAMIENTAS

Entrevista dirigida a un Asesor financiero certificado
Nombre:
Fecha:
Teléfono:
Dirección:
1). ¿A qué escuela o institución asististe para adquirir tu certificación?
2). ¿Cuál es tu filosofía de invertir?
3). ¿Tienes algunas referencias de clientes actuales y del pasado?

4). ¿Qué servicios ofrece tu agencia?

5). ¿Cuánto tiempo o años tienes como Asesor financiero certificado?

6). ¿Qué cantidades de portafolios has manejado?

7). ¿Has tenido alguna demanda en el pasado?

8). ¿Por qué decidiste ser asesor financiero?

¿CUÁNTA COBERTURA NECESITAS EN UN SEGURO DE VIDA?

Ejemplo 1: José, casado y 4 hijos menores de edad.

Gastos fúnebres (Estimación año 2021- Funeral tradicional)	$8,000.00
Pagar todas las deudas	$15,000.00
Pagar el saldo restante de la casa o condominio	$150,000.00
Pagar la educación de universidad o colegio de los hijos	$160,000.00
Generar un ingreso que reemplaza el sueldo anual	$400,000.00
Estimación total de cobertura necesaria	**$733,000.00**

Ejemplo 2: Estima la cobertura que necesitas

Gastos fúnebres (Estimación $
año 2020- Funeral
tradicional)

Pagar todas las deudas $

Pagar el saldo restante de la $
casa o condominio

Pagar la educación de $
universidad o colegio de los
hijos ($40,000 por hijo).

Generar un ingreso que $
reemplaza el sueldo anual

Estimación total de $
cobertura necesaria

FORMULARIO DE PRESUPUESTO

Presupuesto Mensual	Mes:		Año:	
Estimación de Ingreso Neto 1		$		
Estimación de Ingreso Neto 2		$		
Estimación de Ingreso Neto 3		$		
Estimación de Ingreso Neto 4		$		
	Estimación de Ingreso Total		$	

Gastos y Deudas	Pago Mínimo	Balance	Fecha de Vencimiento
Hipoteca / Apartamento 1			
Hipoteca / Apartamento 2			
Ahorro			
Comida			
Electricidad o Luz			
Gas			
Agua			
Basura			
Teléfono de Casa / Celular(s)			
Cable, Televisión o Internet			
Internet (solo)			
Pago de Automóvil 1			
Pago de Automóvil 2			
Seguro de Automóvil (s)			
Transporte Publico			
Gasolina			
Cuidado de Niños			
Costo de Almuerzo Escolar			
Seguro de Hipoteca o Apt.			
Seguro de Salud Familiar			
Seguro de Vida 1			
Seguro de Vida 2			
Inversión: Plan de Jubilación			
Inversión: Plan Educativo			
Préstamos Estudiantiles			
Tarjeta de Crédito 1			
Tarjeta de Crédito 2			
Préstamo Personal			
Gastos de Entretenimiento			
Ropa y Calzado			
Donaciones (Iglesia, etc.).			
Otros			
Otros			

Ingreso Total		$	
(Menos) Total de Gastos y Deudas		$	
Ingreso Sobrante		$	

© *VictoriaFinanciera.com -Visítanos y regístrate a nuestro boletín mensual financiero y nuevas herramientas.*

CHART DE FONDOS CON FECHA OBJETIVO

¿CÓMO ELEGIR EL APROPIADO PARA TI?

Fondo con fecha objetivo 2025 2025 Retirement Fund

Fondo con fecha objetivo 2030 2030 Retirement Fund

Fondo con fecha objetivo 2035 2035 Retirement Fund

Fondo con fecha objetivo 2040 2040 Retirement Fund

Fondo con fecha objetivo 2045 2045 Retirement Fund

Fondo con fecha objetivo 2050 2050 Retirement Fund

Fondo con fecha objetivo 2055 2055 Retirement Fund

Fondo con fecha objetivo 2060 2060 Retirement Fund

EJEMPLO 1 DE PERSONA DE NOMBRE JOSÉ

Fecha de nacimiento	1/1/1980
Edad que deseas jubilarte	65 años
Suma 65 años a tu fecha de nacimiento	1980 + 65 años = 2045
Tu fondo con fecha objetivo será	Fondo con fecha objetivo 2045
En ingles será	2045 Retirement Fund

EJEMPLO 2

TU NOMBRE _____

Fecha de nacimiento

Edad que deseas jubilarte

Suma 65 años a tu fecha de nacimiento

Tu fondo con fecha objetivo será

En ingles será

EJEMPLO 3

NOMBRE DE TU PAREJA _____

Fecha de nacimiento

Edad que deseas jubilarte

Suma 65 años a tu fecha de nacimiento

Tu fondo con fecha objetivo será

En ingles será

www.ingramcontent.com/pod-product-compliance
Lightning Source LLC
Chambersburg PA
CBHW020207200326
41521CB00005BA/284